A Bíblia dos Negócios

A Bíblia dos Negócios

10 Novos Mandamentos para trazer valores éticos para o local de trabalho

Rabino Wayne Dosick

Tradução
Nivaldo Montingelli

Rai
EDITORA

Coordenação editorial
Mayara Enohata

Assistência editorial
Deborah Reis

Preparação de texto
Beatriz Simões

Revisão
Ana Cristina Garcia

Capa, projeto gráfico e diagramação
Paola Nogueira

Assessoria editorial de artes
Patricia Nascimento

CIP-BRASIL. CATALOGAÇÃO-NA-FONTE
SINDICATO NACIONAL DOS EDITORES DE LIVROS, RJ

D762b Dosick, Wayne D., 1947-
A bíblia dos negócios : novos mandamentos para trazer valores éticos para o local de trabalho / Rabino Wayne Dosick ; [tradução Nivaldo Montingelli]. - São Paulo : Rai, 2011.

Tradução de: The business bible
ISBN 978-85-63672-62-9

1. Ética empresarial. 2. Ética. 3. Negócios - Aspectos religiosos - Judaísmo. I. Título.

11-1525. CDD: 174.4
CDU: 174.4
17.03.11 18.03.11 025180

Direito de edição

RAI EDITORA
Avenida Iraí, 143 - conj. 61
Moema
04082-000 - São Paulo - SP
Tel: 11-2384-5434
www.raieditora.com.br
contato@raieditora.com.br

Sumário

Como ensina a garrafa de refrigerante:

Sem Depósito

Sem Retorno

No início

Meu telefone tocou às onze e meia da noite.

Com voz trêmula, a pessoa disse: "Alô, Rabino. Sinto muito por incomodá-lo tão tarde, mas preciso vê-lo. O assunto não pode esperar até de manhã. Posso ir imediatamente à sua casa?".

Em menos de quinze minutos, um homem que eu conhecia havia mais de dez anos estava diante de minha porta.

"Rabino, estou com um grande problema. Estou bem, minha mulher, meus filhos, todos estão bem. Mas não sei o que fazer.

Você conhece minha empresa. Quase todo trabalho que fazemos é para o governo. Meu trabalho é redigir os relatórios, assegurar que fizemos todo o trabalho exatamente de acordo com as especificações que recebemos. Amanhã devo entregar o relatório final para o projeto em que temos trabalhado pelo último ano e meio.

Rabino, verifiquei os números cem vezes, talvez duzentas, e todas as vezes eles são os mesmos. As partes que construímos não batem com as especificações que nos deram. Elas são deficientes. E foi isso que escrevi no primeiro rascunho do meu relatório.

Mas, às cinco da tarde de hoje, meu chefe veio a mim e disse: 'Ouça, não podemos entregar este relatório. Se fizermos isso, vamos perder milhões de dólares em pagamentos e penalidades e provavelmente não conseguiremos outro contrato do governo durante anos.

Você precisa alterar os números e fazer com que o relatório saia certo. Agora reescreva este relatório e deixe-o sobre minha mesa às nove da manhã de amanhã'.

Fiquei surpreso. Não sabia o que dizer. Imaginei que meu relatório poderia causar problemas, mas lá estava meu chefe dizendo para eu mudá-lo, para inventar números, para redigir um relatório que eu sabia que não era verdadeiro.

Eu disse: 'Não posso fazer isso. Sei que haverá problemas, mas você não pode esperar que eu invente números e minta para o governo'.

Rabino, sabe o que ele fez? Olhou fixamente para mim por quinze, vinte segundos e disse: 'Tenha o novo relatório sobre minha mesa amanhã até às nove'.

Ele não me ameaçou, mas captei a mensagem: 'Faça o que eu digo, ou sua carreira aqui está terminada. Talvez eu não possa demiti-lo, mas certamente posso tornar sua vida aqui um inferno. Você vai acabar num cargo sem importância e sem saída, ou talvez vá supervisionar nosso escritório na Sibéria'.

O que farei, Rabino? Não posso inventar números a partir do nada. Não posso mentir em um relatório para o governo. Mas tenho mulher, filhos, uma hipoteca para pagar, uma carreira em que pensar. O que farei?"

Os rabinos (assim como os padres, ministros e imames) costumam ser vistos como pessoas "santas" – diferentes, ou mesmo isolados, das pessoas e dos eventos que nos cercam.

Normalmente nos fazem perguntas a respeito de crença e fé, piedade e oração, espírito e santidade.

Contudo, lá estava, à meia-noite, um homem profundamente perturbado, pedindo meus conselhos sobre um dilema do seu mundo profissional.

Ele veio a mim porque sabia que eu não falaria somente por mim, mas das profundezas das fontes e tradições religiosas que ensino.

E ele sabia que ensinamentos religiosos não pertencem a outro mundo nem são distantes, mas são imediatos e convincentes, extraordinariamente relevantes e assim muito úteis, oferecendo orientação e direção para todos os aspectos da vida – se ele optasse por usá-los.

Certa vez, um fabricante de sabão veio até um rabino e disse: "Rabino, Rabino, que bem traz a religião? Ela ensina honestidade. Mas veja quantas pessoas desonestas existem. E a religião promete paz no mundo. Mas veja quantas guerras tem havido. Para que serve a religião?".

O rabino respondeu: "Meu caro, existem tantos sabões maravilhosos no mundo. Contudo, veja quantas pessoas sujas existem".

A religião – como o sabão – funciona quando você a usa.

A busca religiosa não trata apenas do mundo do espírito, mas também do mundo das coisas comuns e práticas – porque é lá que você vive.

A Bíblia e obras posteriores da literatura sacra guiam você, ensinando-lhe a viver, agir e fazer escolhas não apenas em sinagogas, igrejas ou mesquitas, mas em toda parte, em todos os momentos, todos os dias.

Esses livros santos estão repletos de preceitos e princípios que regem os detalhes do seu mundo cotidiano – na rua e no mercado, na indústria e no comércio.

A Bíblia está repleta de legislação civil exigindo, entre outras coisas, que os negócios sejam conduzidos com honra e integridade; que as pessoas tratem umas às outras com bondade e dignidade; que os trabalhadores sejam protegidos; que saúde e bem-estar sejam protegidos; que os lucros sejam divididos com aqueles que ajudam a obtê-los. Ela trata dos mais simples assuntos: como ganhar a vida decentemente, como ser produtivo e próspero sendo honesto, justo e leal.

A sabedoria dos ensinamentos religiosos está exatamente na arena da fábrica e da oficina, da loja e da estrada, do escritório e da sala do Conselho, orientando, ensinando, inspirando você a fazer o melhor possível.

Na comunidade de negócios norte-americana, existe uma consciência crescente de que a sabedoria antiga tem muito a informar e a influenciar o mercado moderno.

Depois de décadas de crescimento e prosperidade sem paralelo, na esteira do escândalo financeiro e em meio a tempos difíceis, o mundo dos negócios passou por uma fase quase sem precedentes de exame de consciência e de autoexame.

Líderes empresariais proeminentes – e altamente bem-sucedidos –, que há não muito tempo descreviam o local de trabalho somente como um lugar para produção e lucro, falam agora a respeito de um mundo dos negócios definido por "missão, visão e valores", um lugar em que não há somente contratos, mas também uma "aliança", um lugar em que os trabalhadores podem encontrar "significado real" em seu trabalho e no qual bom gerenciamento é uma questão de "amor... um chamado... uma confiança".

Esse desenho dos negócios recém-desenvolvido – com raízes em antigas tradições religiosas – levou a revista *Fortune* a proclamar que "*a linguagem do púlpito* tornou-se a moeda da ala executiva".

Ao trazer antigas verdades e valores duradouros da busca religiosa e espiritual para o mercado moderno, o mundo dos negócios contemporâneo pode ser transformado em um lugar em que realização e satisfação, honestidade e integridade, compromisso mútuo e crescimento pessoal, decência e dignidade constituem os guias e a meta do dia a dia.

Nesta *Bíblia dos negócios*, você aprenderá a criar – para si mesmo e para aqueles com quem você convive – um local de trabalho ético – e com significado. Você aprenderá a *fazer* ***bem*** e, ao mesmo tempo, *fazer* ***o bem***.

E ainda entenderá:

- Por que *visão* é mais que aquilo que você vê.
- Por que *valor* significa mais que patrimônio líquido.
- Como *construir a comunidade* constrói negócios.
- Por que a *ética do valor* é tão importante quanto a ética de trabalho.
- Como *desenvolver pessoas* pode desenvolver os negócios.
- Como a *ética nos negócios* conduz à excelência nos negócios.

Dez Mandamentos foram suficientes para Moisés trazer da montanha, porque ele vivia em tempos muito mais simples.

Nosso mundo é muito mais complexo, muito mais complicado e muito mais desafiador que o dele.

Para nós, os Dez Mandamentos originais – por mais importantes e duradouros que sejam – não são suficientes.

Precisamos de mais.

Precisamos de mandamentos para nos guiar no mundo cotidiano de nossos empregos, nossas empresas, nossas profissões.

Assim, aqui estão – impregnados de antiguidade e com vestimentas contemporâneas – os *Dez Mandamentos para criar um local de trabalho ético*; maneiras para trazer significado, valores e ética para o mercado moderno.

Venha para a jornada. Junte-se à busca.

A "Terra Prometida" da realização profissional e da satisfação pessoal está à sua espera.

Primeiro Mandamento

~

"SEUS OUVIDOS

IRÃO ESCUTAR;

SEUS OLHOS

IRÃO VER"

Há algumas semanas, uma colega e eu estávamos caminhando por uma movimentada e barulhenta rua do centro da cidade quando ela me perguntou: "Ouça o gorjeio dos pássaros. Eles não fazem um belo som"?

Fiquei espantado com o que ela disse. "Está brincando?", perguntei. "Há ruído demais – todos os carros e caminhões, as buzinas, sirenes de ambulâncias, pessoas gritando umas com as outras. É impossível ouvir o som de um passarinho com todo esse barulho."

Caminhamos um pouco mais.

Minha amiga abriu a bolsa, pegou uma moeda e jogou-a no chão. A moeda pulou na calçada, tinindo enquanto rolava.

Meia dúzia de pessoas – detidas pelo som da moeda atingindo o pavimento – seguiu sua trilha e se inclinou para apanhá-la.

Ouvimos aquilo que queremos ouvir.

A arte de fazer negócios depende de quão bem você ouve, de quão bem você escuta.

Quantas histórias você já ouviu a respeito dos tolos – e trágicos – erros cometidos, das expectativas frustradas, das vendas perdidas, das reputações arruinadas, quando alguém não escuta bem?

O rapaz da expedição envia um pacote para Londres, Inglaterra, em vez de Londres, Ontário, porque não escutou.

A secretária envia o contrato para o Sr. Brown, em Clarksville, em vez de enviá-lo para o Sr. Clark, em Brownsville, porque não escutou.

O corretor de valores coloca todo o mercado no caos quando vende cinquenta milhões de ações em vez de cinquenta milhões de dólares em ações porque não escutou.

Você deve se encontrar com seu cliente no Rio ou em Reno? Tudo depende de quão bem você escuta.

O pedido é de oito ou de oitenta? Depende de quão bem você escuta.

A reunião será aqui ou lá? A chamada é trivial ou urgente? A oferta é inconsistente ou firme? A hora de agir é agora ou mais tarde? Tudo depende de quão bem você escuta.

Escutar bem ou não depende de duas pessoas – a que ouve *e* a que fala.

A primeira metade de ouvir bem é falar claramente.

Quando quer que as pessoas *o ouçam*, você pode começar certificando-se de que suas palavras são simples, diretas e distintas.

Quantas vezes os "rapazes das ideias" reclamaram que a equipe de produção não consegue transformar suas ideias em realidade? E quantas vezes o setor de manufatura reclamou que o "pessoal dos conceitos" realmente não tem ideia do que é preciso para fazer um produto?

O mesmo acontece com o "pessoal criativo" e o "pessoal do dinheiro" quando erguem as mãos em frustração, reclamando: "Quantas vezes temos de dizer a mesma coisa? Eles simplesmente não entendem. *Não estamos nem mesmo falando a mesma linguagem*".

A professora de linguística Deborah Tannen, em seu livro *You Just Don't Understand* [Você simplesmente não entende], afirma que "homens e mulheres vivem em mundos diferentes, mesmo quando estão sob o mesmo teto – assim, a conversa entre eles é como uma comunicação transcultural".

Se homens e mulheres – maridos e esposas, no mais íntimo dos relacionamentos – têm problemas de comunicação para se entender em casa, é muito provável que colegas de trabalho possam ter o mesmo tipo de dificuldade – ou pior – no escritório.

Independentemente do sexo, pessoas com antecedentes diferentes, educação diferente, treinamento diferente e agendas diferentes podem simplesmente não ouvir nem entender o que está sendo dito.

É provável que pessoas treinadas em pesquisa científica *realmente não tenham* o vocabulário e a linguagem para entender as complexidades da produção técnica, assim como as pessoas treinadas para ser pensadores criativos *realmente não tenham* o vocabulário e a linguagem para entender os precisos detalhes de contabilidade e finanças.

Com muita frequência, as pessoas realmente *não* estão falando "a mesma linguagem".

Há alguns anos, fui a uma partida de futebol profissional. Para minha surpresa, dois jovens sentados algumas fileiras à minha frente passaram a maior parte do jogo cheirando cocaína.

Mais tarde – ainda surpreso –, falei com um amigo por telefone. "Você não vai acreditar no que vi no futebol hoje. Dois sujeitos, sentados à minha frente, passaram o jogo inteiro cheirando coca".

Alguns dias depois, ouvi meu filho, então com cinco anos, contando ao seu pequeno amigo aquilo que me havia entreouvido dizer ao telefone: "Você não vai acreditar no que meu pai viu no jogo de futebol. Havia dois sujeitos à frente dele que faziam muito barulho bebendo *suas Coca-Colas*".

Ele ouviu aquilo que era capaz de ouvir.

Para se certificar de que seja ouvido, você pode tentar falar a linguagem da pessoa a quem está se dirigindo. Para ter certeza de que é compreendido, você pode tentar ser sensível à experiência e às percepções da pessoa que o ouve e falar palavras que ela possa compreender.

A outra metade de ouvir é dedicar tempo e energia para ouvir aquilo que realmente está sendo dito, ouvir as palavras – faladas e, às vezes, não faladas – que estão sendo articuladas.

O que sua chefe quer *realmente* dizer com: "Preciso que você fique até tarde esta noite para terminar este projeto"?

Será que ela quer dizer: "Não me interessa que você tenha que apanhar seu filho na creche e que pode ter planos para esta noite"?

Ou será que ela quer dizer: "Estou muito preocupada com a possibilidade de este projeto não ficar pronto no prazo e a reputação de todo o departamento – e talvez meu emprego – estar em jogo. E realmente não acho que posso fazê-lo sozinha. Então, por favor, fique e me ajude".

O que sua funcionária quer *realmente* dizer quando afirma: "Preciso da terça-feira livre, haja o que houver"?

Será que ela quer dizer: "Não me importo com a minha parte do trabalho aqui"? Ou será que ela quer dizer: "Meu pai idoso está doente e precisa ir ao médico na terça-feira; se eu não o levar, ele não tem como ir. Além disso, estou muito preocupada com ele"?

O que seu cliente quer *realmente* dizer quando fala: "Sinto muito, mas não posso fazer nenhum pedido com você este mês"?

Será que ele quer dizer: "Tenho uma proposta melhor do seu concorrente"?

Ou será que ele quer dizer: "Os negócios estão realmente difíceis e simplesmente não tenho dinheiro para comprar nenhum outro item, mas na verdade sou orgulhoso demais para lhe contar isso"?

Quando você ouve bem, pode ser capaz de captar a agenda oculta, as necessidades não expressas – os temores e a ambivalência, ou a confiança e a certeza.

Quando ouve bem – e ouve realmente –, você dá um grande passo no sentido da compreensão e, em última análise, do sucesso.

Você pode achar o equilíbrio entre falar e ouvir aprendendo quando falar e quando ficar quieto.

Algumas vezes você está tão ansioso para expor suas ideias, oferecer seus conselhos, fazer suas propostas – ou apenas ouvir a si mesmo falando – que abre a boca, mas fecha as orelhas.

Você não ouve o que os outros têm a dizer.

Você não escuta a boa ideia de outra pessoa.

Você ignora o plano de outra pessoa – por melhor que ele possa ser.

Você não dá atenção à paixão de outra pessoa – por mais motivadora que ela possa vir a ser.

Você esquece o quanto há para ouvir e o quanto há para aprender.

Assim a velha regra do acampamento é tão boa na sala do conselho, no escritório e na loja, com colegas de trabalho e clientes, quanto era nas cabanas do acampamento: às vezes você realiza mais "com a boca fechada e as orelhas abertas".

Existe mais uma arte de ouvir que você pode aprender.

Você pode ouvir não só as palavras, mas o som da voz.

Quantas vezes isto lhe aconteceu: você pega o telefone e diz "Alô"; do outro lado da linha, sua mãe lhe diz "O que há de errado?"; "Não há nada de errado, mamãe". Ela insiste: "Não me venha com essa. Eu posso ouvir. Há *alguma coisa* errada".

Se sua mãe pode fazer isso, então – com menos sucesso, mas com exatidão frequente – você também pode.

As pessoas podem usar palavras para tentar enganar, mas o tom e o timbre da voz delas revelam a verdade.

Em seu tom de voz – e nas vozes das pessoas que você escuta – estão sua exaustão ou sua animação, sua raiva ou sua alegria, seu fingimento ou sua honestidade. Quando você ouve com atenção, os sons da voz irão revelar aquilo que você precisa saber.

Um universitário ativo e sofisticado perguntou certa vez como ele poderia se tornar um interlocutor brilhante.

O velho e sábio professor a quem ele fez a pergunta respondeu: "Ouça, meu filho...".

"Sim, sim", disse o estudante. "Continue."

"Isso é tudo", respondeu o professor. "Apenas ouça."

Quando o telefone toca e toca, quando seus colegas de trabalho e clientes falam, falam e falam, quando os ruídos do mundo ameaçam engoli-lo, em vez de "desligar" – é tão tentador fazê-lo –, você pode tentar "sintonizar".

Tente ouvir – ouvir realmente – aquilo que está sendo dito a você. E também pode ouvir os sons do silêncio. Quando ouve a canção do coração que está sendo aberto para você, pode abrir *seu* coração para ouvir.

Mas nem mesmo ouvir bem é suficiente.

Não basta abrir os ouvidos, seus olhos precisam ver.

Certo dia, o presidente de uma grande empresa estava caminhando pelos corredores do seu edifício, verificando todas as salas e estações de trabalho.

Um dos seus assistentes o acompanhava, de prancheta na mão, fazendo anotações de todas as impressões do presidente: as ordens que ele dava, as mudanças que ele queria fazer.

Chegaram a uma grande sala em que a ocupante estava sentada com os pés na mesa, olhando pela janela.

O presidente disse ao assistente: "Veja essa mulher. Não está fazendo nada, a não ser olhar pela janela. Ela não está fazendo trabalho nenhum. Está desperdiçando tempo e dinheiro. Demita-a imediatamente".

"Mas senhor", disse o assistente, "ela é nossa vice-presidente, encarregada das ideias. Alguns dos melhores projetos que esta empresa tem feito nos últimos anos foram ideias dela. Nós lhe pagamos para pensar e ela pensa melhor quando está sentada com os pés na mesa e olhando pela janela".

"Bem", bufou o presidente, apanhado em seu próprio erro, "então mande fazer para ela uma janela *maior*".

Visão é mais que aquilo que você vê.

Visão é abrir seus olhos – e também o olho da sua mente – para aquele lugar interior onde você vê e prevê, onde você sonha, imagina e cria.

O sucesso da sua empresa, do seu negócio, da sua profissão, da sua carreira, depende da sua visão.

Você pode estar satisfeito com o *status quo*. Pode estar satisfeito em deixar as coisas como estão. Pode optar por não "balançar o barco", "causar confusão" ou "fazer ondas". E pode repetir as tristes – e perigosas – palavras, tantas vezes ouvidas: "Mas nós *sempre* fizemos assim".

Mas então você e sua empresa provavelmente não melhoraram, nem progrediram nem prosperaram.

Cada novo produto, novo anúncio, nova ação de marketing e técnica de venda vem do olho da mente de um visionário criativo, das profundezas da imaginação de alguém cujos olhos se abriram para ver *realmente.*

Se não da percepção e da visão, explorando a genialidade e a criatividade, de onde mais – apenas nas últimas gerações – teriam vindo trens e transistores, carros e computadores, telégrafo, telefone e televisão, aviões e condicionadores de ar, satélites e estações espaciais, comida congelada e máquinas de fax?

Você pode ter a visão de que necessita para conceber e criar.

Quando abre seus olhos, você abre suas possibilidades e visualiza não só aquilo que é, mas também aquilo que pode ser.

Não importa aquilo que você já realizou e o que se tornou, você sempre pode antever mais.

Pois não importa o quanto o pôr do sol seja glorioso, pela manhã seus olhos se voltam para leste – para o nascer de um novo dia – em busca de novas vistas, novos horizontes a perseguir.

Sua visão sozinha não basta.

A visão pode ser apenas sonhar acordado, não mais que nuvens no céu que se desfazem antes que você veja sua forma.

Visão realizada é imaginação associada a energia e determinação, com coragem e criatividade, com suor e trabalho duro.

Sam Walton – reconhecido, antes de sua morte, como o homem mais rico da América – não acumulou sua fortuna apenas sonhando com uma cadeia de lojas de descontos em comunidades rurais. Ele trabalhou muito duro – dezesseis, dezoito e até vinte horas por dia – planejando, comprando, vendendo, viajando, construindo e, finalmente, tendo sucesso.

Steve Jobs e Steve Wozniak não enfrentaram a gigante mundial de máquinas para escritórios com um novo produto ficando sentados na garagem com uma ideia para um novo computador. Eles tinham uma determinação inabalável e obstinada que os levou a enfrentar cada desafio, superar cada obstáculo e prevalecer contra chances desanimadoras.

Ben e Jerry não anteviram somente um sorvete com melhor sabor. Eles tiveram a convicção e a coragem para decidir fazer negócios de forma segura e limpa, para dividir seus ganhos com os colegas de trabalho e com a comunidade, para assumir um compromisso não só de produzir e lucrar, mas também de fazê-lo com princípios e consciência.

O "sonho americano" começa com sonhos e visões, mas torna-se realidade por meio de trabalho duro e determinação tenaz.

Você pode ter a tenacidade para tornar reais os seus sonhos quando segue o conselho da ativista política Ann Stone: "Seja o tipo de pessoa que entra em um bote a remo para perseguir Moby Dick e leva consigo o molho tártaro".

Uma palavra de cautela.

Algumas vezes aquilo que você pensa que vê na realidade não existe.

Era uma vez um rei que contratou muitos trabalhadores da aldeia para ajudar a construir seu novo palácio.

Todas as manhãs os trabalhadores entravam pelos portões do palácio e toda tarde saíam pelos mesmos portões.

Os guardas do palácio notaram que toda tarde, quando saíam, os aldeões puxavam atrás de si carrinhos de madeira cheios de areia. Eles tinham certeza de que os trabalhadores estavam roubando joias preciosas do castelo e as estavam escondendo na areia dos carrinhos.

Assim, toda tarde os guardas revistavam cada carrinho cuidadosamente, tentando encontrar o que os aldeões estavam escondendo na areia.

Como os guardas nada encontravam, revistavam com um cuidado ainda maior, a ponto de peneirar a areia. Contudo, não encontraram joias, nada que os aldeões estivessem levando.

Os guardas ficaram totalmente confusos, até que se deram conta de que os trabalhadores não estavam roubando joias do castelo, e sim carrinhos de madeira cheios de areia.

Às vezes, quando você pensa que nada vê, uma coisa importante está acontecendo bem diante dos seus olhos.

Alguém jogou fora um bloco de mármore, dando-o como inútil.

Michelangelo disse: "Levem o bloco para meu estúdio. Um anjo está preso no mármore e pretendo libertá-lo".

Você pode ser como as pessoas que "têm olhos, mas não veem", ou pode ver ao mesmo tempo os problemas e seu potencial, seus desafios e suas capacidades – olho no olho.

Quando desperta, você é bombardeado com inúmeras visões e imagens.

Em pouco tempo, tudo o que vê pode parecer fundir-se em uma confusão de cores, formas e texturas. Até mesmo o olho mais aguçado pode ficar embaçado, a visão mais clara pode ficar distorcida.

Portanto – mesmo quando parecer difícil – mantenha sonhos e visões à sua frente. Porque, "se você quer realmente, então não é um sonho".

Veja seus amanhãs se abrirem diante de você – com todas as suas realizações e sucessos; suas metas realizadas e visões cumpridas.

Segundo Mandamento

"NÃO EMITA UM RELATÓRIO FALSO"

Todos nós crescemos ouvindo a lenda a respeito do "Pai do nosso país [Estados Unidos]", George Washington, que derrubou a cerejeira e admitiu sua culpa com a famosa frase "Não posso contar uma mentira".

Esse é um bom conselho – até hoje.

Você quer que seus colegas o respeitem? Quer que seus clientes e concorrentes acreditem em você? Quer que todas as pessoas que conhece tenham confiança e fé em você?

Então diga sempre a verdade. Faça com que sua palavra seja sua fiadora e que sua honra seja sua palavra.

Esse é um bom conselho, mas nem sempre fácil de seguir.

Seu colega – ou seu chefe, ou seu melhor cliente – vem a você com um largo sorriso e um punhado de fotos. "Veja. Este é meu novo neto. Não é o bebê mais lindo que você já viu?"

Na verdade, o bebê se parece com um milhão de outros bebês e, de fato, está mais para feio. E o que você diz?

Você mente: "Verdade, é um lindo bebê! Que rostinho bonito! Que olhos adoráveis!" ou diz a verdade: "Que cara comum ele tem", arriscando-se a insultar ou ofender?

Ou, ainda, você acha uma forma de dizer algo que seja sincero o suficiente para ser ouvido como uma expressão de bondade e como um cumprimento?

Você pode dizer: "Olhe só que bebê", "Que belo neto você tem". Ou encontrar uma qualidade que possa elogiar sinceramente: "Ele realmente é bem cabeludo"; "Tem um belo queixo, firme e forte, como o do avô".

Fazendo isso, você diz a verdade sem se expor a uma situação difícil, sem ofender. E você, o vovô e o netinho ficam todos felizes.

Mas nem sempre as coisas são simples como reagir a fotos de bebês. Seu chefe lhe diz: "Se o Sr. Smith ligar, diga que não estou". Você sabe que isso não é verdade. Seu chefe está na sala dele, trabalhando com alguns papéis, ou na sala de reuniões.

E você sabe que foi instruído para participar de um logro, dizendo uma mentira ao Sr. Smith – que seu chefe não está.

Não chega a ser uma grande mentira; provavelmente ela não é muito prejudicial. Mas, mesmo assim, é uma mentira. E você se sente pouco à vontade por não dizer a verdade.

Então, você faz o quê?

Acha palavras que transmitam a mensagem desejada pelo seu chefe – e até podem passar realidade nas "palavras código" que as pessoas de negócios entendem – sem comprometer sua integridade, sem contar uma mentira.

Você pode dizer: "Sinto muito, mas no momento ele não está disponível"; "Sinto, mas ele não pode falar com você agora"; ou:

"No momento, ele não pode ser interrompido, mas terei prazer em anotar seu recado e dizer a ele que você ligou".

Suas palavras são verdadeiras, seu propósito é realizado e sua honra pessoal é preservada.

Falar a verdade pode ser mais delicado e difícil quando a pessoa que fala deve ser direta e quando os egos pessoal e profissional do ouvinte estão em jogo:

"Como estou indo?", "Meu trabalho é satisfatório?", "Meu relatório cobriu todos os aspectos?", "Como foi minha apresentação?", "Você acha que mereço uma chance para chefiar o projeto?" e "Será que tenho futuro aqui?"...

O que você diz quando o trabalho é bom, mas não ótimo? Ou quando o desempenho é desapontador, quando as expectativas não se realizam, quando as metas não são atingidas? O que diz quando o fracasso é mais provável que o sucesso?

Você pode usar expressões ambíguas. Pode seguir aquele doce conselho recebido na infância: "Se você não pode dizer nada de bom, então não diga nada". Você pode usar um truque popular e dizer: "Sua apresentação é muito *interessante*. Sua ideia é muito *intrigante*". Mas é claro que você *nada* realizou, porque não disse *nada*. Tanto você quanto seu interlocutor sabem que suas palavras não passam de um artifício retórico.

Você pode ser brutalmente honesto, contando "a coisa como ela é", dizendo "a verdade, toda a verdade e nada mais que a verdade", mas precisa ser muito cauteloso. Lembre-se de que ao menos uma parte da sua verdade não vem de um padrão objetivo e imparcial, porém passa pelo prisma de seus antecedentes, preconceitos e julgamentos subjetivos. Aquilo que é "verdade" para você pode não ser para os que estão à sua volta.

E você precisa ter muito, muito cuidado, pois suas palavras têm grande poder. Elas podem arruinar sonhos e destruir esperanças. Suas palavras podem humilhar e esmagar o espírito. Elas podem abalar mundos.

Como então você deve dizer suas palavras de verdade – por mais francas e dolorosas que possam ser?

Envolva gentilmente suas palavras de verdade com palavras de bondade. Tempere suas críticas com elogios, suas repreensões com conforto, sua realidade com razão. Use suas palavras de verdade para construir em vez de derrubar, para instruir, encorajar, apoiar. Dê suas palavras de verdade como uma dádiva de gentileza e partilha. No fim das contas, você e a pessoa com quem está falando irão se beneficiar, pois "palavras que vêm do coração entram no coração".

Contudo, há momentos em que seria muito mais fácil – e mais produtivo/lucrativo – emitir um relatório falso.

Você sabe que seu produto é inferior a outro. Você procura melhorá-lo ou tenta elevar as vendas com afirmações falsas e garantias vazias?

Você sabe que seu produto tem um sério defeito. Você procura corrigi-lo – ou tirar o produto do mercado até que o problema seja resolvido – ou finge que não sabe de nada e fica quieto?

Você sabe que sua fábrica está lançando toxinas no rio das proximidades. Você fecha a fábrica, livra-se dos venenos e limpa o rio, ou adultera os números e falsifica relatórios?

Você sabe que a reclamação do seu cliente é válida. Você aceita a responsabilidade e procura corrigir o problema, ou nega qualquer delito e discute as alegações do cliente?

Você fica quieto? Olha para o outro lado? Mente? Usa suas palavras para racionalizar e criar desculpas, iludir e fraudar?

Ou diz palavras de verdade, sem levar em conta os resultados ou as consequências?

Essas são escolhas que podem significar seu sucesso ou fracasso nos negócios, porque podem estar em jogo seu emprego, seu ganha-pão, sua empresa, sua carreira, sua reputação, sua relação com os acionistas.

E essas escolhas podem significar seu sucesso ou fracasso como ser humano, pois aqui você precisa decidir o que é mais importante: sua carteira ou seus princípios, sua conveniência ou sua consciência?

As mentiras – como o nariz do Pinóquio – simplesmente crescem mais e mais. Uma mentira nunca é suficiente, pois as mentiras têm uma forma de se alimentar de si mesmas e crescer. Então, uma vez começando a mentir, você usualmente precisa continuar mentindo. E mentir – embora possa parecer a saída mais fácil – é na realidade muito difícil, pois, quando você mente, precisa se lembrar do que disse, para quem disse e o que disse para quem. E, pior de tudo, você vive com medo constante de ser descoberto – apanhado em sua mentira e exposto.

Mas a verdade você tem de contar só uma vez.

Como a história teria sido diferente se o Presidente Nixon simplesmente tivesse convocado os repórteres um dia depois da invasão em Watergate e dito: "Alguns idiotas subalternos da minha equipe de campanha cometeram essa estúpida invasão. Eles achavam que iriam ajudar minha campanha e que estavam agindo por ordens de pessoas próximas a mim. Assumo plena responsabilidade pelo comportamento tolo deles e peço desculpas ao Comitê Democrata Nacional e a todos os cidadãos dos Estados Unidos. Sinto muito que esse sórdido incidente tenha acontecido, mas prometo a vocês que nada do gênero irá acontecer de novo. Espero que perdoem a mim e aos membros da minha equipe de campanha".

A verdade teria sido dolorosa de dizer; a admissão honesta da culpa teria sido difícil. Teria prejudicado o presidente aos olhos do povo norte-americano, e sua reputação e sua posição nas pesquisas de opinião poderiam ter sofrido por pouco tempo. Mas em questão de semanas – provavelmente dias – o incidente teria sido esquecido por um público clemente.

Em vez disso, o presidente empilhou mentiras umas sobre as outras, porque, uma vez que começou com as falsidades, foi apanhado mentindo tantas vezes que provavelmente não sabia mais a diferença entre verdade e ficção. Suas mentiras levaram o país a um "pesadelo nacional" e custaram-lhe a presidência.

Uma mentira pode parecer salvá-lo no momento, mas acabará causando sua ruína. Pois, por maior que seja o benefício imediato, as mentiras o perseguem, atormentam e não lhe dão descanso.

No fim das contas, qualquer que seja o custo momentâneo – que pode ser enorme se seu emprego, os lucros da sua empresa e a capacidade para alimentar sua família estão em jogo –, "a verdade irá libertá-lo". Seu orgulho e sua integridade serão preservados e você poderá dormir à noite.

Daqui a um dia, uma semana ou um ano, qualquer consequência prejudicial que possa ter ocorrido porque você contou a verdade já terá sido esquecida. Mas a satisfação, a alegria profunda e a paz interior ficarão com você para sempre.

Assim, conte sempre a verdade, porque as palavras que você diz reverberam na eternidade e ecoam pelo universo até o final dos tempos.

Existe outro tipo de relatório falso que emitimos com frequência e que provoca dor e pode causar danos irreparáveis – palavras que constituem uma violação da confiança, da privacidade, da decência.

"Você sabia?", "Você ouviu?", "Espere até ouvir isto", "Você pode guardar um segredo?", "Tenho uma coisa para lhe contar", "Prometi não dizer nada, mas sei que posso confiar em você. Então, se você prometer não contar a ninguém, escute isto".

Rumores, fofocas e conversa fiada muitas vezes parecem ser a vida da linha de boatos da empresa. Com frequência, mais tempo é gasto espalhando boatos do que trabalhando.

Mas fofocas e calúnias não são crimes sem vítimas. As palavras não se dissipam no ar. Elas ficam rodando, adquirem vida própria, ofendendo e incomodando, causando embaraço e prejuízo.

O ditado da nossa infância está muito errado: "Paus e pedras podem quebrar meus ossos, mas palavras nunca podem me ferir".

Errado.

As palavras podem ferir e prejudicar, mutilar e destruir – de forma violenta, dolorosa e duradoura – tanto quanto uma espada ou uma flecha.

Planos foram interrompidos, acordos foram perdidos, empresas quebraram por causa de fofocas ou calúnias maliciosas. Reputações foram manchadas, carreiras arruinadas, vidas devastadas, por causa de mentiras cruéis ou rumores viciosos.

Até mesmo o comentário mais benigno, a observação aparentemente mais inócua, a insinuação ligeiramente velada, a mais inocente das fofocas pode provocar grandes danos.

Suas palavras têm tanto poder para fazer o bem ou o mal que devem ser escolhidas com cuidado, sabedoria e bondade.

Isso porque, uma vez que as palavras do mal tenham passado pelos seus lábios, elas jamais serão recuperadas.

Certa vez um homem foi até um rabino e disse: "Oh, Rabino, eu errei. Difamei meu amigo. Contei mentiras a respeito dele. Espalhei rumores. Mas agora estou arrependido daquilo que fiz e do que falei.

Fui até meu amigo para lhe dizer como me sentia e pedir seu perdão. E ele, com seu coração bondoso, me perdoou. Mas agora devo pedir perdão a Deus por ter desrespeitado um dos Seus mandamentos. Por isso vim até você, meu mestre, para perguntar: Como posso ser perdoado por Deus por ter difamado meu amigo?".

O rabino olhou para o homem de forma pensativa e perguntou: "Está vendo aquele travesseiro de penas sobre minha cama? Pegue-o, vá até a praça no centro da cidade, corte-o e deixe as penas voarem ao vento. Essa será sua punição pelo que fez, pelas palavras que disse".

O homem ficou um tanto surpreso com as instruções do rabino, mas fez exatamente o que ele disse. Levou o travesseiro até o centro da cidade, cortou-o e observou as penas voarem ao vento.

Então ele voltou ao rabino e disse: "Fiz o que você disse. Levei o travesseiro até o centro da cidade, cortei-o e observei as penas voarem. Agora estou perdoado por difamar meu amigo?".

O rabino respondeu: "Não, ainda não, pois você executou apenas metade da sua tarefa. Primeiro você deixou as penas voarem ao vento. Agora vá e colha todas as penas que voaram".

As palavras que você diz ecoam para sempre.

Você não só pode ajudar a eliminar a dor causada por fofocas e rumores não os espalhando, mas também pode optar por não ouvi-los.

São necessárias pelo menos duas pessoas para sustentar fofocas e rumores, para prolongar a vida de palavras malignas que voam e não podem ser recuperadas – aquela que fala e aquela que ouve. Mesmo que nunca diga uma palavra daquilo que ouviu a outra pessoa, se você espera ansiosamente para ouvir uma fofoca, torna-se participante do fomento de rumores. Você provê o lugar onde eles são ouvidos e transmitidos, onde eles florescem e crescem. Mas, se você se recusar a ouvir – o que exige grande força de caráter, mas é disso que estamos falando, não é? –, então as fofocas e os rumores poderão ter uma morte bem merecida.

Não transmitindo nem ouvindo, você ajuda a sustentar a honra de outro ser humano e traz mais decência ao seu local de trabalho, à sua empresa e ao seu mundo.

Dizem que grandes pessoas falam a respeito de ideias, pessoas comuns falam a respeito de coisas e pessoas mesquinhas falam a respeito de pessoas.

Você pode ser uma grande pessoa se defender o nome e a reputação de outra pessoa como se fossem seus. Pode ser uma grande pessoa quando fala palavras bondosas e gentis – palavras que apoiam, enaltecem e elogiam.

Você pode ser uma grande pessoa quando as palavras saídas de sua boca são de bondade e valor; quando decência e dignidade são seus guias e a verdade é sua companhia constante.

Terceiro Mandamento

"NÃO COMETAS INJUSTIÇAS EM PESOS E MEDIDAS"

Dizem que, quando Abraham Lincoln era garoto, trabalhava em uma pequena loja de roupas e tecidos. Um dia, quando se deu conta de que havia cobrado a mais de um cliente, ele caminhou mais de três quilômetros na neve para devolver a quantia cobrada a mais – um centavo.

Uma caricatura recente ilustra vividamente como a resposta tornou-se diferente em nossos dias: a cliente paga com uma nota de dez dólares, mas, depois que ela deixa a loja, o lojista percebe que recebeu não uma nota de dez, mas uma de cem dólares. Agora ele tem um dilema moral real: deve contar o sucedido ao seu sócio?

Sua medida como ser humano – e sua reputação, seu sucesso ou fracasso no mundo dos negócios – muitas vezes é determinada pela precisão com a qual você mede, pela meticulosidade com a qual conta, pela honestidade com a qual negocia.

Na verdade, é fácil trapacear. O polegar no prato da balança faz o produto custar mais – e o lucro ser maior. Um troco mal contado rende centavos extras na caixa registradora. O corte um pouco menor do tecido torna o vestido um pouco apertado – a cliente nem irá notar, certo? –, mas fornece material extra suficiente para fazer uma blusa – e ganhar mais dinheiro.

A "contabilidade criativa" mantém os livros com boa aparência, mas economiza muitos impostos.

E, afinal, quem é prejudicado?

"Esse sujeito não sabe nada a respeito de carros. Diga-lhe que vamos trocar o filtro de ar. Ele nunca saberá a diferença."

"A empresa em que trabalho é tão grande que nunca dará pela falta deste lápis e destes clipes que estou levando para casa."

"A corporação na qual trabalho é tão rica que não será afetada pelas poucas chamadas interurbanas que faço."

"Eu trabalho duro aqui; por que então não posso prolongar o horário de almoço hoje – e amanhã, e no dia seguinte?"

"Ninguém irá contabilizar este pedido quando ele chegar. E se faltar uma caixa? Este novo par de tênis servirá para meu filho."

Um centavo aqui, uma hora ali, um telefonema aqui, cinquenta gramas ali, dificilmente parece trapaça. Afinal, dizemos a nós mesmos: *todo mundo* faz isso e ninguém é de fato prejudicado; não é ser desonesto, porque são apenas coisas pequenas – e coisas pequenas não fazem diferença.

Ou será que fazem?

Quando eu tinha oito ou nove anos, muitas casas novas estavam sendo construídas na velha zona sudoeste de Chicago. Todas as tardes depois da escola, quando os trabalhadores tinham ido embora, todos os garotos da vizinhança se reuniam ali para brincar nas grandes pilhas de lixo – nas (para nós) profundas escavações – e escalar as estruturas das casas em construção.

Um dia, uma grande quantidade de tijolos vermelhos foi empilhada no local da obra. Eles eram tão pesados, lisos, vermelhos e maravilhosos que eu e os outros garotos tínhamos de ter um. Assim, todos nós – talvez dez ou doze garotos – levamos um tijolo para casa.

Nunca pensei que levar um tijolo poderia ser um problema. Afinal, havia centenas – talvez milhares – de tijolos naquela pilha. Ninguém daria falta de uns poucos tijolos. Além disso, eles eram tão grandes que eu simplesmente *precisava* ter um.

Mas meus pais viram o assunto com olhos diferentes. "Isso é roubo", disse meu pai. "Você roubou propriedade alheia."

"Você precisa devolver aquele tijolo", disse minha mãe. "E não basta colocá-lo de volta à pilha. Amanhã cedo, antes de ir para a escola, leve o tijolo de volta, dê para o pedreiro e peça desculpas por tê-lo pego."

"Mas", protestei, "é só *um* tijolo. Eles nunca irão dar pela falta dele, e isso nunca irá fazer qualquer diferença. É só *um* tijolo".

Meu pai ouviu em silêncio e então disse: "Tem razão, é só um tijolo. Mas quantos de vocês pegaram somente um tijolo?".

"Uns dez ou doze", respondi.

"Ah", disse meu pai. "Agora não é só um tijolo, mas dez ou doze. E quantos tijolos havia naquela pilha?"

Pensei no maior número que poderia imaginar. "Havia cem mil tijolos", disse eu. "Veja, eles não irão dar pela falta de apenas um."

E então meu pai fez a pergunta fundamental: "E se cem mil garotos levassem apenas um tijolo?".

Finalmente entendi. Se cada um levasse apenas um tijolo, não haveria nenhuma grande pilha de tijolos, nem seriam construídas novas casas com paredes de tijolos vermelhos.

É muito pequena a diferença entre o garotinho que pegou apenas um tijolo há tantos anos e a pessoa que hoje faz um telefonema extra, põe só um dedo no prato da balança, ou leva para casa apenas um lápis ou um par de tênis.

Desonestidade é desonestidade, e trapaça é trapaça, quer envolva pouco ou muito. Se você trapaceia, se frauda, diminui a si mesmo como ser humano e viola a confiança que os outros têm em você.

E cedo ou tarde você irá pagar.

Mesmo que você não seja apanhado, seus ganhos são as perdas de alguém. E pode ter certeza de que essas perdas serão compensadas – repassadas a você como consumidor – com preços mais altos nas prateleiras, taxas mais altas por serviços, custos mais altos para tudo que você comprar.

Além disso, você pagará com algo mais que dinheiro.

Se você trapaceia, se seus pesos e medidas são inexatos, se seus acordos financeiros são de má qualidade, se você pega coisas que não lhe pertencem, não conseguirá esconder isso para sempre. Alguém irá descobrir. Então sua reputação e seus negócios irão sofrer, porque as pessoas não querem acordos com alguém que não é de confiança.

Há pouco tempo levei meu carro para fazer uns reparos. Recebi uma estimativa de custo para o trabalho a ser feito e, quando o mecânico encontrou trabalho adicional que tinha de ser feito, chamou-me e explicou detalhadamente o problema, sua recomendação e o custo adicional. Quando fui buscar o carro, parecia que tudo havia sido feito de maneira completa e profissional.

Mas, pouco tempo depois que tirei o carro da oficina, percebi que mais da metade da gasolina do tanque tinha sido retirada.

Depois de gastar centenas de dólares com reparos, haviam me furtado alguns dólares de gasolina. Você nunca ouviu falar disso? Pode ser. Mas aconteceu.

Será que o mecânico pensou que eu era tão estúpido que não iria perceber? Será que pensou que eu não iria me importar? Será que pensou que iria escapar sem problemas?

Aquela foi certamente a última vez que usei os serviços daquele mecânico. E pelo menos cinco ou dez dúzias dos meus "amigos mais próximos e íntimos" – isto é, qualquer um que pudesse me ouvir – irão ouvir a história do que aconteceu naquela oficina.

A pequena desonestidade daquele mecânico irá lhe custar mais do que esperava ganhar.

Esse é o preço da desonestidade.

E seus atos desonestos irão assombrá-lo, pois você terá de viver com eles por muito, muito tempo.

Era uma vez um rei que contratou um carpinteiro para construir casas para o povo do seu reino. O carpinteiro construiu uma casa depois da outra e as pessoas que nelas viviam – além do rei – estavam muito satisfeitas.

Para mostrar sua gratidão pelo belo trabalho do carpinteiro, o rei lhe pediu que construísse mais e mais casas, pelas quais ele pagava mais e mais dinheiro. O carpinteiro construía sem parar e ficava cada vez mais rico com os generosos honorários pagos pelo rei.

Um dia o carpinteiro pensou consigo mesmo: "O rei está me pagando muito bem para construir essas casas. Contudo, sou o único que conhece a ótima qualidade dos materiais que uso para construí-las e quanto tempo e esforço são necessários para construir cada uma. Acho que, de agora em diante, continuarei a fazer o exterior das casas com a mesma boa aparência de sempre, mas no interior delas – nas partes que a maioria das pessoas nunca irá ver – usarei materiais mais baratos. As casas irão parecer tão boas quanto antes, o rei continuará a me pagar a mesma quantia por cada casa, mas, por causa de todo o dinheiro que economizo usando materiais não tão bons quanto os originais, ganharei muito mais dinheiro com cada casa e ficarei cada vez mais rico".

E foi isso que ele fez. As casas construídas por ele ainda pareciam maravilhosas por fora, mas, devido ao uso de materiais "de segunda" no interior, elas não eram tão fortes como antes. No entanto, ele se tornou um homem muito rico, porque o rei ainda estava pagando por um trabalho de primeira classe.

Certo dia, o rei convidou o carpinteiro a visitar o palácio e lhe disse: "Você tem feito um trabalho tão bom construindo essas belas casas para meu reino que agora quero lhe dar uma tarefa muito especial. Quero que construa a melhor casa que você já construiu. Faça a melhor casa do reino, inferior somente ao meu palácio. Não poupe despesas; todo o tesouro do meu reino está disponível para pagar pelos custos dessa casa. Tenho grandes planos para essa casa e quero que ela seja magnífica, jamais vista".

O carpinteiro ficou muito satisfeito com a encomenda. Aquela era sua chance de ganhar todo o dinheiro que poderia desejar. Ele construiu a casa mais luxuosa que conseguiu imaginar – por fora. Mas em seu interior ele usou materiais de segunda, terceira e até quarta classe. Ele trabalhava depressa e sem capricho, com pouca consideração pelo acabamento ou pelo orgulho. Mas tirava mais e mais dinheiro do tesouro do rei, como se estivesse usando os melhores materiais e empregando artesãos de primeira classe.

A casa foi terminada – e o carpinteiro havia enriquecido muito com o dinheiro tirado do tesouro, porém não aplicado nos materiais de construção da casa.

Chegou o dia de entregar a chave da casa para o rei. O rei convocou todos os seus funcionários e muitas pessoas de todo o reino, pois aquela era de fato uma casa muito especial, e ele tinha para ela uma destinação muito especial.

O rei disse: "Por muitos anos meu amigo carpinteiro tem construído belas casas para o povo do meu reino, mas nunca viveu em uma das casas por ele construída. Esta casa é sua maior criação – ele trabalhou nela mais do que em qualquer outra; nenhuma despesa foi poupada para torná-la a melhor casa do reino. Assim, para mostrar ao carpinteiro minha gratidão por tudo que ele fez por mim e pelo meu reino em todos esses anos, eu lhe entrego esta casa – a melhor já construída por ele – como um presente para nela viver pelo resto de seus dias".

E o carpinteiro precisou viver na casa que havia construído pelo resto da vida.

Essa poderia ser apenas uma história fantástica, se uma coisa muito semelhante não tivesse acabado de acontecer na vida real.

O grupo Habitat para a Humanidade, que constrói casas para os pobres – e chamou a atenção nacional devido ao envolvimento pessoal do ex-presidente Jimmy Carter e de sua esposa –, construiu vinte e sete casas de baixo custo em Dade County, Flórida. Algumas dessas casas – construídas manualmente por voluntários – estavam exatamente na trilha do furacão Andrew, que devastou o sul da Flórida no verão de 1992. Contudo, quase todas as casas construídas pelos voluntários sobreviveram às forças destrutivas dos ventos e das chuvas do furacão. Em uma rua, as únicas casas cujos telhados resistiram foram construídas pelo grupo. O líder da seção de Miami do Habitat para a Humanidade disse simplesmente: "Privilegiamos a qualidade quando as construímos".

No final, a honestidade compensa.

Mais importante: você irá sofrer por sua desonestidade com a perda da sua paz de espírito.

Parafraseando a oração moderna do Rabino Sidney Greenberg: "Preste atenção a como você vive, para que o medo de ser descoberto não atormente seu sono e lhe roube a paz pela qual anseia". Na escuridão da noite, você tem de responder a si mesmo. E, por mais que racionalize, ou por mais desculpas que invente, você sabe se agiu bem ou não.

Até que ponto você pode aproveitar o dinheiro que sabe que não é seu por direito? Quanto pode se alegrar pelos "frutos do seu trabalho" quando sabe que os obteve de forma desonesta?

Um conhecido financista – que acabou sendo apanhado nos escândalos que abalaram Wall Street no final dos anos 1980 – pensou que poderia apaziguar sua consciência doando parte dos seus ganhos desonestos a uma ampla variedade de causas caritativas. Em um de seus momentos de maior magnanimidade, ele doou um grande edifício público.

Em sinal de gratidão pela doação, a instituição gravou os nomes dele e de sua mulher na arcada de pedra na entrada do edifício.

Quando as práticas desonestas dele se tornaram conhecidas – como era inevitável –, a instituição ficou muito embaraçada com o fato de seu edifício – construído com recursos obtidos em transações fraudulentas – exibir o nome do suposto benfeitor, cuja doação havia sido feita com dinheiro que na realidade não era dele.

A instituição poderia ter demolido o edifício que já estava construído. Mas isso não faria nenhum bem, pois ela não tinha como determinar de quem era o dinheiro efetivamente gasto, nem como devolvê-lo aos seus legítimos donos. Assim, ela fez a única coisa que podia.

Um dia o assim chamado financista-benfeitor ficou na calçada – chorando em silêncio – observando enquanto a instituição apagava seu nome do edifício.

Sua desonestidade o apanhara, causando-lhe não só noites de insônia e, posteriormente, anos na prisão, mas também vergonha e ridículo públicos e um nome sujo que irá segui-lo até o túmulo.

A lei bíblica que exige exatidão em pesos e medidas – completa honestidade no mundo do comércio – era levada tão a sério que, nos tempos antigos, o rabino da cidade ia de empresa em empresa verificando os pesos das balanças usadas pelos comerciantes. A certificação do rabino de que os pesos e medidas eram exatos e corretos garantia aos compradores que eles não estavam sendo enganados e criava no mercado uma atmosfera de confiança.

Nos tempos modernos, várias empresas têm se esforçado para criar o mesmo tipo de confiança.

Por exemplo, as empresas que comercializam cereais e biscoitos começaram a colocar uma certificação moderna de pesos e medidas nas caixas dos seus produtos para que todos leiam.

A honestidade das empresas foi posta em questão quando as caixas de cereais pareciam estar parcialmente cheias. As pessoas se sentiram enganadas. Hoje muitas caixas trazem uma declaração: "Esta embalagem é vendida por peso e não por volume. Quando cheia, eram limitados os limites práticos para não danificar o conteúdo. Ocasionalmente, uma caixa poderá não parecer cheia devido à acomodação dos ingredientes na entrega e no manuseio".

Portanto, a empresa diz: "Não basta o que fazemos ser exato e certo. *Você* – nosso consumidor – precisa acreditar em nós e ter confiança. Como as aparências podem enganar – o conteúdo da embalagem pode se acomodar no transporte, fazendo com que a caixa pareça apenas parcialmente cheia –, estamos lhe dizendo antecipadamente que você está recebendo a medida plena pelo preço que está pagando. Estamos colocando na caixa a garantia de lhe contar a verdade – e apostando nossa reputação por sua preferência continuada".

Aquilo que criou confiança no mercado antigamente funciona bem hoje.

Contudo, acordos honestos no mercado de hoje com frequência exigem muito mais sutileza e habilidade do que um rótulo na embalagem pode oferecer.

Você se lembra da segunda ou terceira série? Qual foi uma das primeiras lições que seus professores lhe ensinaram? "Faça seu trabalho. Não espie os trabalhos alheios. Não copie." E então, na quinta ou na sexta série, a lição ficava ainda mais forte: "Nunca diga que o trabalho de outra pessoa é seu. Cite suas fontes. Quando usar materiais escritos por outras pessoas, certifique-se de dar crédito aos autores. Caso contrário, haverá plágio".

Antigas lições escolares assumem uma complexidade incomum no mundo dos negócios do dia a dia.

De quem foi essa ideia? Quem fez as sugestões? Quem criou o plano? Quem fez a proposta?

Na verdade, as ideias brotam de muitas pessoas e lugares, e com frequência são aperfeiçoadas e refinadas pelo trabalho em equipe, em reuniões, conferências, seminários e conversas casuais. Mas se você "rouba" uma ideia de outra pessoa e diz que é sua, dá crédito onde – e a quem – ele é devido?

O "produto da mente" é tão real quanto o produto da linha de montagem. A "propriedade intelectual" é tão valiosa quanto a propriedade tangível. Apoderar-se de uma ideia que não é sua é tão errado – e prejudicial – quanto pegar uma coisa que não lhe pertence.

As ideias – e seus criadores – necessitam de sua honestidade e de sua honra – e merecem isso.

E elas necessitam da sua proteção respeitosa, porque a tecnologia moderna tornou muito fácil roubar ideias, palavras, melodias ou imagens alheias. Em segundos, uma copiadora pode reproduzir páginas de um livro. Em minutos, um gravador pode copiar um arquivo de áudio ou um filme, um *hard drive* pode copiar um disco de computador.

"Você vai gostar desta música. Farei uma cópia dela hoje à noite em casa e trarei para você amanhã." "Aqui estão os artigos do jornal para você ler. Acabei de baixá-los no computador." "Olá, soube que você tem aquele novo programa de computador. Pode me fazer uma cópia?" A cópia eletrônica tornou-se tão comum que poucas pessoas lhe dão atenção.

Contudo, copiar é copiar. É pegar algo que pertence a outra pessoa e dizer que é seu.

Pode parecer que o dano é pequeno, em especial porque "todo mundo faz isso", mas o que está realmente em jogo – além da questão pessoal da honestidade e da integridade – é o sustento de alguém. Se você copia um CD de US$ 9,95, ou um livro de US$ 19,95, ou um filme de US$ 29,95, ou um programa de computador de US$ 499,95, isso significa que o criador do produto – e todas as outras pessoas envolvidas no projeto – não recebem sua justa compensação. Você está usando o produto delas – e sua criatividade coletiva – sem pagar por isso.

A antiga lei colocava o assunto de forma muito simples: "Não viole as fronteiras alheias" invadindo terras, campos ou plantações de outras pessoas para pegar algo que não lhe pertence, infringindo direitos ou pondo em risco o sustento delas.

Hoje as "fronteiras" são muito mais complexas, pois não são apenas cercas separando terras; também incluem ideias, criatividade, produção e produtos; e ainda livros, fitas gravadas e programas de computador.

Mas o princípio continua o mesmo.

Não tome *nada* que não lhe pertence, pois isso infringe a propriedade alheia, viola os direitos de outra pessoa e "pode tirar dinheiro do bolso dela".

Quando respeita e protege o trabalho da mente e das mãos de outra pessoa, você ajuda a garantir seus direitos e sua dignidade e ajuda a tornar o mundo dos negócios um lugar mais seguro para cada um de nós – inclusive você – estar, criar, correr riscos e ter sucesso.

E para atuar no mercado de forma completamente honesta, faça a si mesmo as perguntas mais difíceis: quanto vale sua integridade? Qual é o preço da sua alma?

Haverá pessoas em busca do seu favor. Haverá aquelas que querem influenciá-lo ou controlá-lo.

Elas virão sob todos os disfarces: serão espalhafatosas e descaradas; serão inteligentes e espertas, sofisticadas e sutis. Oferecerão prestígio, poder, possessões.

Na sua loja de especialidades ou butique, o que você dirá ao vendedor que lhe propuser: "Se você considerar a possibilidade de dar mais espaço em prateleira para meus produtos – digamos, seis fileiras em vez das duas atuais –, terei prazer em lhe dar esta bela camiseta da empresa"? Ou o que dirá se a oferta não for de uma camiseta, mas de ingressos para uma partida de beisebol, ou de um televisor ou de uma viagem ao Havaí?

Na redistribuição de suas prateleiras, será que a promessa de um presente – ou vamos chamar isso de suborno? – irá influenciar sua decisão? Será que a exibição de mais unidades do produto interessa realmente à sua loja, ou você irá fazer isso em troca do prêmio prometido, seja ele uma camiseta ou uma viagem ao Havaí?

Você tem um preço?

Se aceitar o presente, a quem ele realmente pertence – a você ou a sua empresa, que está pagando pelo produto? Se aceitá-lo, você irá contar ao seu chefe, ou espera que ninguém descubra – até, é claro, que o chefe do vendedor ligue para seu chefe e pergunte: "E aí, gostou daquele televisor que lhe enviamos na semana passada?".

E se é você que está oferecendo o presente? Está simplesmente mostrando sua consideração ou está tentando subornar o cliente?

Está usando uma prática comum nos negócios – oferecer incentivos – ou está exercendo pressão indevida?

A pergunta não vale apenas para a área de vendas, mas também para o nível executivo. Quem fica com a milhagem acumulada com as viagens de avião: o funcionário que viaja ou a empresa que paga a passagem? Se você fica com a milhagem para seu uso pessoal, irá fazer sua reserva para o voo mais direto, ou a empresa mais barata, ou irá usar sua empresa favorita – na qual você já tem mais milhas acumuladas para favorecer seus planos para as férias – sem levar em conta a conveniência ou o custo para sua empresa?

E quanto aos presentes de Natal enviados de empresa para empresa todos os anos? Será que são expressões sinceras de consideração e afeição, ou pretendem influenciar futuras decisões e predispor futuras opções?

Presentes podem ser belos símbolos de gratidão e afeto. Mas podem cegar os olhos e confundir a mente.

Presentes no mercado – dados ou recebidos – podem levar a falsas expectativas e suposições errôneas, a favoritismo e predisposição, desconfiança, raiva e tumulto.

Assim, para manter a integridade do mercado, a pressão sobre cada pessoa para fazer escolhas pessoais e tomar decisões difíceis a respeito de dar ou receber presentes pode ser substituída pela criação de uma consciência coletiva das empresas.

Cada empresa pode criar sua própria política de presentear. Se presentes devem ser dados – a funcionários ou clientes – como incentivo para melhorar a produção ou fazer mais negócios, então a política de presentear deverá delinear os requisitos, as realizações e as recompensas. Se presentes devem ser aceitos – no decorrer normal dos negócios, ou para determinado nível de vendas ou compras, ou como favores natalinos –, então a política de presentear deverá dizer quem pode receber presentes e quem pode ficar com eles.

A política de presentear também deverá dizer quem fica com a milhagem ou qualquer outra recompensa recebida no desempenho do trabalho em nome da empresa.

Uma política claramente articulada elimina dúvidas e indecisões a respeito do que é permitido e do que é proibido, do que é aceitável e do que é questionável. Poucas pessoas poderão objetar – e menos ainda irão causar, a si mesmas ou às suas empresas, problemas de ordem ética ou legal – quando a política é concebida com clareza e aplicada com equidade. Cada um quer simplesmente saber o que é justo e o que é certo, e uma política da empresa proporcionará exatamente isso.

Algumas horas ou dias usados para criar essa política irão ajudar o mercado a solucionar um dos seus atuais dilemas e a evitar embaraços pessoais e problemas profissionais.

O mercado moderno está cheio de oportunidades para trapacear, roubar, "olhar por outro lado" diante da desonestidade e da falsidade, para lucrar com ganhos imerecidos.

Mas quando você faz o que é certo *porque isso está certo*, quando mede e conta com exatidão, quando é escrupuloso em seu comércio e meticuloso em seus acordos, então seus colegas vão respeitá-lo, seus clientes e concorrentes vão acreditar e confiar em você.

E, acima de tudo, você terá sucesso porque todos gostam de tratar com um homem honesto, todos querem fazer negócios com uma mulher honesta.

No Velho Oeste, não havia maior cumprimento do que "Ele é tão honesto quanto o dia é longo".

Mesmo hoje – especialmente hoje – não existe um tributo maior: sua honestidade faz seu elogio.

Quarto Mandamento

~

"AME SEU PRÓXIMO COMO A SI MESMO"

Moshe Leib, rabino da cidadezinha ucraniana de Sasov, no final do século XVIII, pensava: "Com um camponês, aprendi a amar".

O homem estava em uma estalagem, comendo e bebendo com outros camponeses. Por muito tempo, ele se manteve em silêncio. Então se voltou para um dos homens que estavam sentados ao seu lado e perguntou: "Diga, você me ama?".

O outro camponês respondeu: "É claro que sim. Amo muito você".

O camponês voltou ao seu silêncio por muito, muito tempo. Então se voltou para o amigo novamente e disse: "Você diz que me ama, mas não sabe do que preciso. Se me amasse, você saberia". E mais uma vez ficou em silêncio.

O Rabino Moshe disse: "Entendo. Conhecer as necessidades de outros seres humanos, sentir a alegria e suportar o peso da tristeza deles – esse é o verdadeiro amor".

Como conhecer as necessidades de outro ser humano? Como sentir a dor dele ou dividir sua felicidade?

As Antigas Escrituras definiram isso de forma sucinta: "Ame seu próximo como a si mesmo".

Trate todo ser humano como você quer ser tratado – com compreensão, equidade, bondade e compaixão. Dê a todos a mesma decência e dignidade, a mesma honestidade e integridade, o mesmo calor e a mesma preocupação que *você* quer.

Tudo na vida – e, certamente, nos negócios, qualquer que seja sua empresa, profissão, produto ou serviço – se resume a *pessoas se relacionando com pessoas*: patrões, empregados, colegas e clientes.

E a *arte de fazer negócios* depende de como você trata cada pessoa que surge no seu caminho.

O mito popular diz que "os bons sujeitos acabam em último lugar". A grande mentira é que, para ter sucesso, você não pode permitir que sentimentos pessoais interfiram; você precisa ser durão e impiedoso.

Na realidade não é nada disso que conta. O velho adesivo de para-choques diz tudo: "Você já sorriu hoje?".

Ser distante, rude e severo não leva ninguém a lugar algum. Quem quer ser tratado assim? Você certamente não. Nem as pessoas que conhece.

Quando você começa com um grande sorriso e uma boa palavra, quando é cordial e amistoso, quando é aberto e sincero, você transmite respeito e consideração; constrói boa vontade e confiança; cria uma atmosfera em que qualquer coisa – e tudo mesmo – é possível.

Mas às vezes você se esquece: fazer com que o trabalho *seja concluído* é mais importante do que o motivo *por que* ele está sendo feito.

Algumas vezes, você pensa que *aquilo* que está vendendo é mais importante do que para *quem* está vendendo.

Há pouco tempo eu estava à espera de uma mesa em um restaurante lotado. Um jovem casal, de mãos dadas e parecendo apaixonado, entrou no restaurante. O rapaz disse: "Por favor, gostaríamos de uma mesa para dois".

A irritada recepcionista mal ergueu os olhos do livro de reservas e disse sumariamente: "Não estamos atendendo pessoas sem reserva esta noite". O jovem casal pareceu surpreso e, sem mais palavras, deu meia-volta e saiu – provavelmente para nunca mais voltar àquele restaurante.

Teria sido muito mais simpático – e melhor para os negócios – se a recepcionista tivesse se importado não apenas com os corpos que enchiam suas mesas, mas também com as *pessoas* que esperavam para se sentar nelas.

Então ela poderia ter dito: "Oh, sinto muito mesmo. Estamos servindo tantos jantares hoje que não temos mais mesas disponíveis. Estamos lotados para as próximas três horas e sinto muito por não podermos acomodá-los. Mas agradeço muito por vocês terem vindo. Espero que voltem em breve. E quando voltarem, eu gostaria de lhes oferecer aperitivos de cortesia. Aqui está um cupom para quando voltarem; os aperitivos serão por conta da casa".

Aquele casal teria voltado – talvez na noite seguinte – e teria contado a todos os amigos a respeito da recepção cordial e amistosa que havia recebido.

Se *gostar* de um produto ou de uma loja, você contará a *quatro* amigos. Se *não gostar* da maneira como foi tratado, você contará a *doze*.

Uma lata de vagens é a mesma em qualquer mercearia. Onde você irá comprá-las? Provavelmente na loja que associar as vagens a um atendimento cordial e amistoso.

O mesmo acontece no escritório, no laboratório, na fábrica. Os funcionários são mais produtivos e leais – satisfeitos e felizes – quando são tratados de forma justa, decente e com dignidade do que quando são usados e dados como certos, quando se sentem como uma pequena engrenagem de uma gigantesca máquina corporativa.

Existem poucas coisas piores do que ir para o trabalho sentindo-se usado ou abusado, subutilizado ou pouco valorizado, perseguido, posto de lado ou impotente. Poucas coisas paralisam mais as empresas do que os conflitos de personalidade que perturbam o local de trabalho e diminuem as pessoas, a produção e os lucros.

Nos últimos anos, muitas empresas têm instituído uma ampla variedade de programas visando respeitar e valorizar cada indivíduo – e obter o máximo dele.

Algumas delas têm usado variações do conceito japonês de trabalho em equipe, utilizando a fixação de metas para equipes, responsabilidade e realizações compartilhadas, inclusive com uniformes de equipes e torcidas organizadas.

Algumas empresas passaram a chamar cada funcionário de "associado", transmitindo um senso de parceria, despertando dedicação e lealdade.

Outras empresas transformaram os funcionários em pequenos acionistas. Assim você pode alugar um carro com um dos donos da empresa locadora, que supostamente irá cuidar melhor dos clientes devido ao orgulho causado pela propriedade. Ou pode conseguir o melhor acordo possível na loja de eletrodomésticos porque falar com seu vendedor – que não é um trabalhador horista, mas um sócio – é "como ter um tio na empresa".

Algumas empresas novas – em especial de alta tecnologia ou de vendas por catálogo – começaram do zero, deixando de lado todas as suposições anteriores e criando novas maneiras de fazer negócios. Essas empresas solicitam a plena participação de cada trabalhador – da alta gerência ao pessoal da limpeza – em todas as fases de projeto, produção e vendas. Cada membro da equipe contribui com ideias e trabalho duro. Cada um é respeitado e valorizado pelos outros; cada um tem voz e voto iguais; cada um tem senso de responsabilidade, comprometimento e investimento pessoal. Os resultados desse conceito de negócio são produtos saudados por sua qualidade e por seu preço, empresas admiradas pelo seu atendimento e trabalhadores orgulhosos de suas realizações e que colhem os benefícios do sucesso.

Cada um desses conceitos – e as centenas de outros semelhantes sendo testados em todo o mundo dos negócios – constitui um reconhecimento de verdades fundamentais: o valor intrínseco de *cada* ser humano; a absoluta igualdade de *todos* os seres humanos.

Amar seu próximo como a si mesmo, tratar cada pessoa como você quer ser tratado, cria um mundo de trabalho em que cada um se sente valorizado e capacitado e ninguém tem de perder para que outro possa vencer.

Nesse tipo de mundo de trabalho, as pessoas prosperam. E, quando elas prosperam, os negócios aumentam.

Amar seu próximo como a si mesmo não é difícil quando você se lembra de que ele ou ela é exatamente como você.

Você quer um acordo justo e um preço honesto, não é? O mesmo se dá com todos os seus fornecedores e clientes.

Você quer reconhecimento e elogios para suas ideias e realizações, não é? O mesmo se dá com todos os seus colegas.

Você quer uma boa renda e remuneração igual para trabalhos iguais, não é? O mesmo se dá com todos os trabalhadores na sua empresa.

Você quer tempo livre quando surge uma emergência na sua vida pessoal, não é? O mesmo se dá com todos aqueles que precisam ir ao médico ou ficar com um filho doente.

Você precisa de benefícios plenos e justos para garantir serviços de saúde em caso de doença e dignidade na velhice para você e sua família, não é? O mesmo se dá com todo mundo.

Você não quer nenhuma limitação arbitrária que o impeça de progredir ou ser promovido, certo? O mesmo se dá com qualquer mulher ou membro de qualquer grupo minoritário que trabalha para você.

Você quer uma parcela justa dos lucros auferidos por sua empresa, certo? O mesmo se dá com cada pessoa que ajudou a gerá-los.

Amar seu próximo como a si mesmo significa que todos se beneficiam, todos ganham, todos vencem. É nisso que se resume a vida – e os negócios.

E amar seu próximo como a si mesmo significa que *você* se beneficia.

Um passageiro estava na fila do guichê de venda de passagens aéreas, ouvindo a pessoa à sua frente repreender severamente a funcionária que ali estava. O homem gritava, brandia o punho e fazia uma exigência atrás da outra, uma ameaça atrás da outra.

Finalmente, o cliente furioso deixou o guichê e nosso passageiro era o primeiro da fila.

Ele disse à funcionária: "Quero cumprimentá-la. Aquele outro passageiro foi horrível com você; disse coisas terríveis; foi mesquinho e desagradável. Mas você não perdeu seu sorriso, não se irritou. Foi calma e polida. Eu realmente admiro a maneira como conduziu o problema."

"Obrigada, senhor", disse a funcionária. "Gostei realmente das suas palavras amáveis. Mas não se preocupe. Está tudo bem."

"Como pode estar bem?", perguntou o passageiro. "Aquele sujeito foi grosseiro com você. Como pode estar tudo certo?"

E a funcionária disse: "Está tudo certo porque aquele homem está indo para Cleveland, mas sua bagagem está indo para Cingapura".

Todos os dias você lida com pessoas que – literal ou figurativamente – podem enviar sua bagagem para Cingapura.

Por que depreciar? Por que antagonizar? Por que criar má vontade? Ninguém se beneficia – certamente não você.

Quando você trata as pessoas com bondade e educação, com decência e respeito, há uma boa chance de você e sua "bagagem" irem para o mesmo lugar, ao mesmo tempo.

O que acontece se é você que está sendo tratado de forma injusta, está sendo discriminado, depreciado ou abusado verbalmente? E se o seu chefe se aproveitar de você ou seu supervisor o perseguir? E se ir para o trabalho todo dia se tornar um sacrifício ou, pior, um pesadelo? E se você não puder pedir demissão porque precisa do dinheiro, mas não sabe se conseguirá continuar porque eles o estão deixando louco?

O que fazer? Para que lado se voltar?

Você pode buscar conselhos com os colegas de trabalho. Pode "passar pelos canais" em busca da ajuda de pessoas em posições de maior autoridade. Pode solicitar uma transferência, uma nova atribuição, uma nova conta para atender. Você pode pedir ajuda, na esperança de que a imparcialidade e a justiça prevaleçam, de que o mal seja identificado e punido e de que as boas qualidades sejam reconhecidas e recompensadas. Ou, se tudo falhar, você pode ir em frente, sabendo que sua autoestima e sua paz de espírito valem mais do que qualquer emprego e que seu histórico e sua reputação irão conduzir sua busca por um novo emprego nas direções certas.

Você sabe que basicamente não pode controlar os outros. Mas também sabe que sempre pode se controlar.

Quando é confrontado por caras desagradáveis e irritadas, você ainda pode sorrir. Quando lhe falam com rudeza, você ainda pode responder suavemente. Quando lhe fazem exigências irracionais, você ainda pode agir de forma racional e calma. Quando palavras de ódio são "cuspidas" na sua cara, você ainda pode responder com amor.

Não é simplesmente uma questão de "dar a outra face". Não se trata simplesmente de saber, como o filósofo Nietzsche, que "aquilo que não me mata torna-me mais forte". Trata-se de saber que o amor entre as pessoas – uma profunda conexão e interesse humanos – é o maior bem e a mais alta meta.

Quando continua a amar, você torna o ódio totalmente impotente. E, com exceção das pessoas mais calejadas e torpes, poucas conseguirão resistir para sempre ao seu sorriso e bom humor. Com sua cordialidade e seu entusiasmo continuados, você pode dissipar a má vontade que envenena seu mundo de trabalho. Em seu lugar você coloca reconciliação e cura.

Contudo, haverá vezes em que, por mais que deseje e tente, você não conseguirá influenciar ou mudar pessoas horríveis e situações dolorosas.

É nesses momentos que você será lembrado de que até mesmo pessoas capturadas e escravizadas, pessoas presas e acorrentadas, pessoas na mais escura e inexpugnável das prisões, sempre têm *mente* livre.

Conheço uma mulher que, quando era criança, foi levada para um campo de extermínio nazista. Ela observou como as pessoas da sua cidade eram levadas para as câmaras de gás. Suas narinas ficaram cheias com o fedor de corpos sendo queimados nos crematórios. E na mesma noite em que soube que sua mãe estava morta, ela foi forçada a vestir roupas finas e dançar um delicado balé para o prazer do comandante do campo.

Como ela e milhares de outros conseguiram sobreviver?

O psicoterapeuta Dr. Viktor Frankl, também sobrevivente do Holocausto, ensina: "... até mesmo em condições terríveis de estresse psíquico e físico... o homem pode preservar um vestígio de liberdade espiritual, de independência mental... Pode-se tirar tudo de um homem, exceto uma coisa: a última das liberdades humanas – *escolher sua atitude em um dado conjunto de circunstâncias*, escolher seu próprio caminho".

É reconhecidamente quase obsceno usar campos de extermínio nazistas para ilustrar um dilema de negócios dos dias de hoje. Nenhum trauma no lugar de trabalho pode chegar perto dos horrores dos campos de concentração, das cabanas de bambu dos prisioneiros de guerra no Vietnã, e dos *gulags* da antiga União Soviética.

Contudo, com os sobreviventes desses lugares horríveis aprendemos lições importantes que se aplicam a todas as partes da condição humana. Aprendemos a enfrentar nossas próprias dificuldades com a mente livre, optando por não se desesperar, mas resistir; não sofrer, mas prevalecer; não odiar, mas amar.

Você se lembra do slogan, comum em campi universitários americanos nos anos 1960: "E se eles declarassem uma guerra e ninguém fosse?".

Se o seu mundo de trabalho lhe declarar guerra, você não precisa ir. Em vez disso, pode ser o mensageiro da paz e o transmissor do amor.

Amar seu próximo significa reconhecer e dar valor à contribuição única que cada pessoa tem a fazer a você e a sua empresa.

Independentemente de idade, experiência, sexo, desafio físico, cor ou credo, todos – *todos* – têm algo para dar e algo para ensinar.

Com a juventude vêm idealismo e entusiasmo.

Com a idade vêm sabedoria e experiência.

Com homens e mulheres vêm pontos de vista e *know-how*.

Com o desafio físico vêm determinação e tenacidade.

Com a cor e o credo vêm diversidade e atenção.

Não importa se as pessoas são jovens ou velhas, ou quanta experiência elas têm. Cada uma tem algo a oferecer a você e a sua empresa, porque o sucesso pode vir em qualquer idade.

O jovem William Pitt tinha vinte e quatro anos quando se tornou primeiro-ministro da Grã-Bretanha. Golda Meir tinha setenta e um anos quando se tornou primeira-ministra de Israel.

Mozart estava com sete anos quando começou a compor. George Bernard Shaw tinha noventa e dois quando foi produzida sua última peça teatral.

Joana d'Arc, heroína francesa e santa da Igreja Católica, tinha dezenove anos quando morreu. Mary Baker Eddy dirigia a Igreja da Ciência Cristã aos oitenta e nove anos.

Benjamin Franklin tinha somente dezesseis anos quando se tornou colunista regular de um jornal, mas tinha oitenta e um quando delineou o texto que estruturou a Constituição dos Estados Unidos.

Bill Gates estava com pouco mais de vinte anos quando criou a Microsoft, hoje a maior empresa de *software* do mundo.

Ray Kroc era um vendedor de máquinas de *milk-shake* de meia-idade quando iniciou a McDonald's, cadeia de fast-food que hoje está em todo o mundo.

John Sculley teve um mandato destacado como presidente da Pepsi-Cola antes de mudar para a Apple Computer como CEO.

Lee Iacocca foi o pai do sempre popular Mustang na Ford Motor Company antes de partir para realizações ainda maiores como CEO da Chrysler Corporation.

O Dr. A. Bartlett Giamatti já havia sido presidente da Yale University, presidente da National League e comissário da Major League Baseball antes de sua morte prematura aos cinquenta e um anos. O que mais poderia um homem esperar realizar na vida?

O Dr. Linus Pauling, ganhador de dois Prêmios Nobel, continuou com suas pesquisas e experimentos, fazendo importantes contribuições para o mundo da ciência e da medicina até bem depois dos oitenta anos.

E George Burns, que recebeu um Oscar aos oitenta anos, ainda estava divertindo o público com mais de noventa.

E não faz diferença quantos sucessos, fracassos ou desafios as pessoas já experimentaram. Todas têm algo a oferecer a você e à sua empresa, porque das cinzas do fracasso pode vir um novo sucesso, e de um triunfo precoce pode vir uma realização ainda maior.

Thomas Edison e Andrew Carnegie não completaram o ensino fundamental. Wilbur Wright e Henry Ford abandonaram os estudos no ensino médio.

Ludwig van Beethoven, parcialmente surdo aos trinta anos e totalmente surdo pouco antes dos cinquenta, compôs sua maior peça musical nos últimos anos de sua vida.

Abraham Lincoln perdeu três eleições antes de se tornar o presidente que salvou uma nação.

Em 1899, Charles Duell, diretor do Escritório de Patentes dos Estados Unidos, disse: "Tudo que pode ser inventado já foi inventado".

E no fim da década de 1920, Harry Warner, presidente da Warner Brothers Pictures, disse: "Quem iria querer ouvir atores de cinema falando?".

Antes de se tornar um magnata como armador e um dos homens mais ricos do mundo, Aristóteles Onassis era telefonista.

O Coronel Sanders, conhecido rei das franquias de frango frito, vendia seguros.

Forçado a pedir falência quando sua Laugh-O-Gram Corporation quebrou devido a problemas com os distribuidores dos seus desenhos animados, Walt Disney tornou-se mais tarde o mais famoso dos animadores e o cabeça de uma das corporações de entretenimento de maior sucesso no mundo.

O autor Richard Bach recebeu mais de vinte rejeições para sua fábula *Fernão Capelo Gaivota* (Jonathan Livingston Seagull) antes de ela ser publicada e se tornar um *best-seller* internacional.

Uma doença muscular forçou Barbara Jordan a se aposentar do Congresso. Contudo, com sua mente brilhante e flexível, ela continua a ser uma acadêmica de renome, professora de direito constitucional e uma apaixonada defensora da justiça social.

Depois de inícios incertos, inclusive tempos turbulentos na universidade, e de assumir uma empresa familiar em dificuldades, a visão, a determinação e a garra de Ted Turner mudaram para sempre a cara da coleta de notícias e da distribuição de entretenimento.

E com o que restou da venda das suas lojas Fed-Mart, Sol Price criou a Price Club, protótipo de loja de descontos que hoje é copiada por dezenas de empresas em todo os Estados Unidos.

Abraham Joshua Heschel, um grande místico e professor de nosso tempo, perguntava: "Quem sou eu? Um mero *chip* do bloco do ser? Não sou, ao mesmo tempo, o mármore e o cinzel? Ser e antever? Ser e fazer ser?".

Em cada pessoa – jovem ou velha, homem ou mulher, veterana ou novata –, estão a matéria-prima e o artista, o mármore e o cinzel, a realidade e o potencial.

Sua empresa terá mais sucesso e irá florescer quando você tirar proveito daquilo que cada pessoa pode lhe oferecer; quando você ouvir e aprender com a sabedoria da idade e também o entusiasmo da juventude, com cada ponto de vista, cada experiência, cada encontro, com todos.

Isso é amar – e ser amado e enriquecido por – seu próximo.

Dizem que há muito, muito tempo, na terra de Israel, viviam dois irmãos que se amavam muito. O mais jovem tinha mulher e quatro filhos. O mais velho não era casado.

Os irmãos eram agricultores pobres e trabalhavam juntos em um pequeno campo.

Ao fim de cada estação, os irmãos dividiam a colheita em partes iguais e então cada um juntava seus feixes de trigo e os armazenava fora da sua casa.

Um ano, depois da colheita, o irmão mais velho acordou e disse para si mesmo: "Como tenho sido injusto. Meu irmão e eu temos dividido igualmente as colheitas, mas ele tem mulher e quatro filhos. Eu só tenho de alimentar a mim mesmo. Meu irmão deve receber uma parcela maior da nossa colheita".

Assim, no meio da noite, o irmão mais velho levou secretamente um grande número de seus feixes para a casa do irmão e os acrescentou àqueles que já pertenciam a ele.

Enquanto isso, na mesma noite, o irmão mais novo também acordou. E disse para si mesmo: "Todos estes anos meu irmão e eu temos dividido nossa colheita em partes iguais. Como tenho sido injusto. Tenho quatro filhos que irão me sustentar na velhice – eles darão, à mãe e a mim, um lugar para dormir e comida para comer. Mas meu irmão, quando ficar velho, não terá ninguém para cuidar dele. Meu irmão deve receber uma parcela maior da nossa colheita".

Assim, no meio da noite, o irmão mais novo levou secretamente um grande número de seus feixes de trigo até a casa do outro irmão, acrescentando-os aos feixes que lá estavam.

Por muitas noites, cada irmão levou uma parte dos seus feixes até a casa do outro.

E cada manhã, quando olhavam para seus próprios feixes, cada um ficava espantado ao constatar que os feixes não tinham diminuído em número.

Mas uma noite, quando cada irmão estava transportando feixes para a casa do outro, eles se encontraram na estrada.

Cada um entendeu logo o que o outro estava tentando fazer e porque seus feixes não haviam diminuído. Eles se abraçaram, choraram e se beijaram com amor fraterno. Conta a lenda que Deus viu os irmãos se abraçando e disse: "Abençoado seja o campo em que eles estão".

Séculos depois, o Rei Salomão construiu o Templo Sagrado no mesmo lugar em que os irmãos haviam se encontrado, pois aquele era terreno sagrado.

Seu escritório, sua fábrica, seu *showroom* podem se tornar um lugar sagrado quando você trata todas as pessoas que encontra com amor e respeito.

Sua empresa e sua profissão podem se tornar sagradas quando você abraça todas as pessoas que encontra com bondade e compaixão.

Seus irmãos e irmãs estão à sua espera no meio do caminho. Seu trabalho está pronto para ser abençoado.

Cada ser humano é distinto e único. Contudo, todos os seres humanos estão interligados, como as ondas descritas pelo poeta Walt Whitman, "rolando umas sobre as outras e se molhando umas às outras".

Você pode realizar e ter sucesso na vida – e certamente nos negócios – quando reconhecer o valor infinito de cada ser humano, quando festejar a unidade comum de todos eles, quando criar uma parceria de propósitos com cada um deles.

Nas palavras do provérbio índio: "Quando sei quem sou, eu sou você".

Quinto Mandamento

"FAÇA COM JUSTIÇA, PRATIQUE A MISERICÓRDIA E CAMINHE COM HUMILDADE"

Há pouco tempo um jovem casal veio conversar comigo a respeito dos planos para o seu casamento. Eles queriam que a cerimônia fosse realizada em um belo parque com vista para o Oceano Pacífico. Mas tinham uma preocupação.

A noiva disse: "Sabemos que o tempo costuma ser maravilhosamente bom aqui em San Diego. Mas e se chover no dia do nosso casamento? A chuva irá arruinar tudo".

Conversamos a respeito de ligar para o serviço de meteorologia para uma previsão a longo prazo. Tentamos determinar as probabilidades de chover naquele dia em particular, discutimos planos contingenciais e locais alternativos em caso de chuva. E então, depois de ponderar todos os prós e contras, o casal decidiu ir em frente com o plano original – fazer o casamento no parque.

Quando estavam saindo, o jovem voltou-se para mim e disse: "Muito obrigado por seus conselhos e por sua ajuda. Mas agora, para ter certeza de que não irá chover no dia do nosso casamento, por favor converse com o Homem Lá de Cima. Reze pelo brilho do sol, afinal, você é um rabino. Ele irá ouvi-lo".

Eu não queria alongar a discussão a respeito de a *minha* capacidade de rezar ser melhor que a de qualquer outra pessoa, ou mesmo do valor de uma prece a favor ou contra a chuva. Assim, disse, rindo: "Gostaria de ajudar, mas estou somente em *vendas*, não em *gestão*".

Existem algumas coisas – como chover em determinada hora, em determinado lugar – que, por mais que tentemos, simplesmente não conseguimos controlar.

Contudo, muitos aspectos da vida, grande parte da interação humana – em especial no mundo dos negócios –, exige que se assumam responsabilidades, gerenciamento competente e eficaz e liderança inspirada e visionária.

Em um momento ou em outro, de uma forma ou de outra, quase toda pessoa que trabalha no mundo dos negócios será convocada para gerenciar e liderar. Parafraseando: "Alguns nascem para a liderança, alguns atingem a liderança e alguns têm sobre eles o impulso da liderança".

São necessários talentos e qualificações específicos e um comprometimento muito especial para estar em uma posição de gerência – ser responsável por dirigir outras pessoas e afetar seu trabalho e suas carreiras.

Contam que quando o grande professor e sábio Yehudi morreu na pequena aldeia de Pzhysha, na Europa Oriental, seus discípulos não sabiam quem escolher para seu novo mestre. Eles recorreram ao Rabino Simcha Bunam para aconselhá-los.

O Rabino Bunam disse: "Um pastor estava cuidando de suas ovelhas perto de uma bela campina verde e de uma fonte. Ele temia que um lobo viesse e agarrasse uma ovelha e decidiu se manter vigilante. Mas, ao cair da noite, sentindo-se muito cansado, deitou-se e adormeceu. Perto de meia-noite ele acordou sobressaltado e ficou imediatamente consternado e com medo, pois nunca antes havia adormecido enquanto cuidava do seu rebanho. Ele correu para suas ovelhas, deitadas na campina, e as viu agrupadas uma contra a outra. Contou-as e não faltava nenhuma. Então ele gritou: 'Meu Deus, como poderei agradecer? Confie suas ovelhas a mim mais uma vez e nunca mais irei abandoná-las. Eu as protegerei com minha própria vida'".

O rabino disse: "Achem um pastor assim e façam dele seu mestre".

No mundo dos negócios contemporâneo com frequência os gerentes são escolhidos por sua longevidade na empresa e pela habilidade para negociar sua ascensão na ladeira corporativa.

Uma vez nomeados, muitas vezes os gerentes são pressionados para vencer a concorrência e gerar os lucros previstos. Forçados pela pressão por desempenho, alguns gerentes se esquecem de atuar como guias encorajadores, tornando-se, em vez disso, severos capatazes. Mas ser um verdadeiro líder significa ser o pastor de um rebanho, proteger e defender, incentivar o crescimento e cuidar das necessidades. Ser um líder significa considerar cada vida que está aos seus cuidados tão preciosa quanto a sua.

A gerência – liderança – pode ser difícil, assustadora e solitária. Muitas pessoas dependem de você. Tantas coisas influenciam cada decisão. Tantas coisas estão em jogo em cada telefonema. Como você faz isso? Como ascende à liderança?

Como equilibrar as necessidades do seu pessoal com sua necessidade de produzir e dar lucro?

Como se tornar um gerente respeitado por sua sabedoria e por seu julgamento, valorizado por sua integridade e justiça e admirado por sua compreensão e seu zelo?

Como se tornar o líder que você deseja ser – um professor, um mentor, um guia?

A sabedoria antiga oferece um conselho – uma fórmula simples, mas profunda – para guiar todas as pessoas que lideram ou aspiram à liderança: "Faça com justiça, pratique a misericórdia e caminhe com humildade".

Warren Bennis, professor de Administração da Universidade do Sul da Califórnia, descrito recentemente como "o poeta-filósofo-acadêmico da vida dos negócios, um guru gerencial", ensina: "Gerentes fazem coisas da maneira certa. Líderes fazem as coisas certas".

Como gerente que está se esforçando para ser um verdadeiro líder, você pode fazer a coisa certa agindo com *justiça*, definindo o tom certo e criando a atmosfera certa na qual fazer negócios.

Como seus funcionários conhecem a filosofia de fazer negócios da sua empresa? E o senso de identidade? Sua missão? Seus propósitos? Seus valores? Seus compromissos? Seus funcionários sabem como representar sua empresa e o que ela pretende?

Uma "declaração de missão" da empresa pode ajudar. As políticas da empresa podem definir a direção. Mas a ética de negócios de uma empresa é mais bem transmitida quando vem do alto, quando cada pessoa – do CEO aos gerentes de linha – vive e reflete o compromisso da empresa com uma atuação justa, honesta, íntegra e decente.

Um gerente-líder pode ser a personificação da ética da empresa, servindo como modelo e exemplo.

Em seu livro *O Caminho do guerreiro pacífico* (Way of the Peaceful Warrior), Dan Millman fala sobre a mãe que levou seu filho até Mahatma Gandhi. Ela disse: "Por favor, Gandhi, diga para meu filho deixar de comer açúcar".

Gandhi olhou para o garoto por um longo período. Então disse para a mãe: "Traga seu filho daqui a duas semanas".

A mãe não entendeu por que Gandhi estava adiando a instrução ao seu filho, mas fez como lhe foi pedido.

Duas semanas depois, ela e o filho voltaram. Gandhi olhou profundamente dentro dos olhos do garoto e disse: "Pare de comer açúcar".

A mãe ficou grata, mas intrigada; então perguntou: "Por que você nos fez esperar duas semanas? Por que não disse para meu filho deixar de comer açúcar há duas semanas, quando estávamos aqui?".

E Gandhi respondeu: "Duas semanas atrás, *eu* comia açúcar".

Que espécie de gerente-líder, que espécie de modelo *você* será? Que tipo de exemplo pessoal irá dar? Que ambiente de trabalho irá criar? Que senso de certo e errado irá estabelecer?

Ao fazer suas escolhas e criar seu estilo, lembre-se do seu poder e da sua influência, porque seus funcionários irão copiar e seguir seus compromissos na medida em que virem que você os vive. Eles farão como o garotinho que seguia seu pai na subida de uma montanha íngreme e disse: "Cuidado, papai, estou nos seus calcanhares".

Quando age com justiça, você define o caminho certo para que todos sigam.

E agir com justiça como gerente-líder significa avaliar de forma sábia, escolher com coragem e ficar ao lado do seu pessoal para implantar as escolhas que você faz, as decisões que toma.

Uma espécie de gerente diz às pessoas como elas devem se comportar e então fica à espera para ver o que acontece. Esse gerente diz: "Decidi o que é melhor para vocês. Agora vão em frente e realizem".

A outra espécie de gerente diz: "Meu melhor julgamento me diz que isto é o que devemos fazer. Vamos fazê-lo juntos. Eu irei na frente. *Sigam-me!*".

Esse é um gerente que lidera com feitos, que está disposto a assumir riscos, a aceitar responsabilidades; não é um líder que grita "ataquem!" da segurança do seu posto de comando, mas lidera as tropas na linha de frente.

Essa é a espécie de líder que você pode ser quando – por si mesmo e com seu pessoal – segue o conselho do ator Alan Alda: "Seja ousado. Quando embarcar para lugares estranhos, não deixe nada na segurança da praia. Tenha a coragem de entrar em território inexplorado. Deixe a cidade do seu conforto e entre na selva da sua intuição. O que você descobrir será maravilhoso, será você mesmo".

Quando age com justiça, você lidera o caminho no sentido do autoconhecimento, da oportunidade e do crescimento.

E agir com justiça como gerente-líder significa negociar com boa-fé, ser transparente, aberto, justo e consistente.

Significa dar às pessoas instruções gentis e um forte encorajamento.

Significa oferecer assistência, apoio e conselhos.

Significa ouvir e compreender.

Significa dar valor a cada pessoa e alimentar seu potencial.

Significa ser motivador, chefe de torcida e um reforçador de egos.

Significa promover a autoestima e possibilitar a delegação de poderes.

Nunca compreendi alguns colegas de universidade que se orgulhavam de dizer: "Nunca dou nota 10", ou o escrivão que continuava a enviar memorandos a respeito da "inflação nas notas" e alertava os professores a respeito de dar notas altas demais.

Eu iria considerar meu semestre um grande sucesso se todos os alunos tirassem 10!

Porque, se cada aluno aprender tudo o que ensino e demonstrar – por meio de padrões objetivos – que a matéria foi dominada, então a meta do processo de ensino, a meta da minha aula, estará cumprida. Ensinei bem e meus alunos aprenderam bem.

Quem poderia querer uma revisão de desempenho melhor – como aluno ou como professor – do que todos fazerem o melhor trabalho possível, com todas as metas atingidas e todos tendo sucesso?

Ocorre exatamente o mesmo para trabalhadores e gerentes.

Você pode ser um gerente de sucesso, um líder poderoso e influente, quando ensina ao seu pessoal tudo que tem de ensinar, quando você os inspira para que atinjam suas metas, quando eles têm o melhor desempenho possível, quando você e eles realizam o máximo para a empresa em que trabalham.

Quando age com justiça, você dá vitórias ao seu pessoal.

Como gerente, esforçando-se para ser um verdadeiro líder, você pode aumentar sua eficácia, pode elevar seu sucesso quando, além de agir com justiça, *tem compaixão*.

Quando seus funcionários precisam de orientação e direção, você pode se mostrar paciente e bondoso. Quando eles precisam de apoio e encorajamento, você pode ser amável e generoso. Quando eles estão confusos ou incertos, pode ser compassivo e consolador. Quando eles cometem erros – e certamente o farão –, você pode ser compreensivo e generoso. Quando eles têm sucesso, você pode ser elogioso e orgulhoso.

Você tem compaixão quando compreende "de onde vêm" seus funcionários e quando, de forma sábia e gentil, ajuda-os a subir até onde você quer que eles estejam.

Era uma vez um rei que tinha um filho, um príncipe, que pensava que era um galo. Ele tirou todas as suas roupas, sentou-se sob a mesa e comia milho.

O rei ofereceu uma grande recompensa para quem conseguisse convencer o príncipe de que ele não era um galo. Sábio após sábio tentou, mas nenhum conseguiu convencer o príncipe.

Então um homem simples chegou e tirou suas roupas. Sentou-se sob a mesa com o príncipe-galo e comeu milho. E disse ao príncipe: "Cocoricó".

O príncipe perguntou: "Você é um galo?". E o homem respondeu: "É claro que sou". O príncipe ficou muito satisfeito por ter um companheiro. E os dois mastigaram milho embaixo da mesa.

Logo o homem levantou-se e vestiu suas roupas. O príncipe disse: "Galos não vestem roupas". E o homem emendou: "Estou com frio. Eu deixo de ser galo se visto calças e uma camisa?". E o príncipe disse: "Não, acho que não".

Pouco depois, o homem levantou-se e sentou-se à mesa. O príncipe disse: "Galos não se sentam à mesa". O homem emendou: "Eu deixo de ser galo se me sento à mesa?". E o príncipe disse: "Não, acho que não".

Depois de algum tempo, o homem começou a comer alimentos humanos. O príncipe disse: "Galos não comem isso". E o homem disse: "Estou com muita fome e cansado de comer milho. Eu deixo de ser galo se como alimentos humanos?". E o príncipe disse: "Não, acho que não".

Pouco depois, o príncipe estava sentado à mesa, vestindo roupas e comendo alimentos humanos, juntamente com o outro galo, seu amigo.

Você pode liderar melhor quando conhece realmente seus funcionários, quando é sensível às necessidades deles, sente suas dores e compartilha das suas alegrias.

Você pode liderar melhor quando não se mantém acima das rusgas, quando não se isola, e quando está disposto a sujar as mãos, a fazer o que for necessário para ajudar seu pessoal a atingir suas metas.

Um mestre disse: "Se você quer erguer um homem da lama [em nosso caso, da confusão, do fracasso, de uma luta ou de uma dificuldade], não pense que basta manter-se no alto e estender-lhe sua mão. Você deve descer até a lama, segurá-lo com força e puxar vocês dois para fora".

Contudo, por mais que você procure evitar, haverá confrontos com colegas, crises com clientes, disputas com concorrentes. Haverá desacordos e discussões acaloradas. Haverá jogos políticos e, infelizmente, uma lavação de roupa suja de vez em quando. Haverá desilusões, sensibilidades ofendidas e sentimentos feridos. Haverá tensões e, ocasionalmente, má vontade.

Você tem compaixão quando compreende que sua tarefa mais importante como gerente-líder é amar a paz e persegui-la.

Todas as noites, quando um homem chegava à sua casa, seu filho corria e pulava para seus braços e perguntava: "Papai, você vai brincar comigo? Você vai, papai?". E quase todas as noites o homem brincava com o filho, jogava, lia livros e conversava.

Mas uma noite o pai estava muito cansado. Assim, em vez de brincar com seu filho, ele sentou-se na sua poltrona, abriu o jornal e começou a ler. Como em todas as outras noites, o filho perguntou: "Papai, você vai brincar comigo?". Mas naquela noite o pai respondeu: "Esta noite não. Estou cansado demais". O garoto continuou perguntando, mas a resposta do pai não mudava.

Finalmente, para manter o filho ocupado – e, francamente, para ter um pouco de paz e silêncio –, o pai pegou uma página inteira do jornal com um mapa-múndi impresso. Então pegou uma tesoura, cortou o mapa em pedacinhos e disse ao filho: "Aqui está um quebra--cabeças do mapa do mundo. Por que você não vai para seu quarto e tenta montá-lo?".

O pai achou que o filho iria gastar muito tempo com aquilo, mas o garoto voltou em poucos minutos. Surpreso, perguntou: "Como você montou o quebra-cabeças tão rápido? O mapa do mundo é grande e complicado. Como você fez?".

E o garoto respondeu: "Foi fácil. Veja, na página de trás do mapa havia a foto de um homem. Eu simplesmente montei a foto e o mundo ficou montado".

O mundo inteiro da sua empresa ficará montado se você for compassivo e amar a paz; louvando a dignidade e o valor de cada ser humano, você gerencia e lidera.

Os sentimentos humanos e o mundo no qual você atua contam com você, pois "O pacificador é abençoado".

Você pode ser aquele que cura, que reconcilia, o pacificador.

Como gerente que se esforça para ser um verdadeiro líder, você realiza mais quando caminha de forma humilde, quando é modesto e despretensioso, quando deixa as demonstrações de orgulho, arrogância e poder do lado de fora da porta.

Um homem que buscava honrarias foi até o Rabino Bunam – o mesmo da história do pastor – e disse: "Meu pai apareceu para mim em sonho e disse que serei um líder de homens".

O rabino ouviu a história em silêncio.

Pouco depois, o mesmo homem procurou o rabino e disse: "Tenho tido o mesmo sonho noite após noite. Meu pai aparece para anunciar que estou destinado a ser um líder de homens".

"Entendo", disse o rabino, "que você está pronto para se tornar um líder de homens. Agora, se o seu pai aparecer mais uma vez em um sonho, diga-lhe que está preparado para ser um líder de homens, mas que ele também deverá aparecer para as pessoas que você supostamente irá liderar e contar tudo a elas".

Nenhum memorando da diretoria, nenhuma declaração unilateral, nenhuma luta interdepartamental pelo poder, nenhum golpe no escritório jamais criou um verdadeiro líder.

Você nunca irá se tornar um verdadeiro líder insinuando-se aos outros, ostentando poder ou exigindo lealdade.

Mas você poderá ascender à liderança por meio de determinação silenciosa, persuasão gentil e presença humilde.

Você poderá se tornar um verdadeiro líder quando *merecer* o respeito, a lealdade e a admiração daqueles que procura guiar.

Você poderá se tornar um verdadeiro líder quando compreender realmente que seu poder não vem daqueles que o nomearam, nem do seu senso de autoconsideração, mas da permissão, aceitação e vontade daqueles a quem lidera.

Você poderá se tornar um verdadeiro líder quando compreender a sabedoria daquele que disse: "Aprendi muito com meus professores, ainda mais com meus colegas, mas a maior parte do que sei aprendi com meus alunos".

Um dia, um vice-presidente recém-nomeado foi convocado ao escritório do presidente do conselho.

O presidente disse: "Tenho algumas más notícias. Seus funcionários têm reclamado a seu respeito. Dizem que você é distante e inatingível; dizem que você não ouve as ideias deles; dizem que você não arruma tempo para trabalhar com eles e ajudá-los. Eles dizem que você apenas se senta em sua sala, fala ao telefone e sai para longos almoços com seus amigos".

O vice-presidente ficou chocado pelas acusações e começou a declarar sua inocência.

Então o presidente do conselho levou o vice-presidente até a janela e disse: "Olhe lá fora. O que você vê?".

O vice-presidente olhou e respondeu: "Vejo pessoas na rua".

Então o presidente o levou até um espelho pendurado na parede. "E agora, o que você vê?", perguntou.

O vice-presidente respondeu: "Agora vejo a mim mesmo".

"Ah", disse o presidente. "Na janela há um vidro, e também no espelho. Mas o vidro do espelho é coberto por uma fina camada de prata. Tão logo ela foi acrescentada – tão logo você passou a ter posição e poder, alguma fama e alguma sorte – você deixou de ver os outros e vê somente a si mesmo".

Quando caminha de forma humilde, você compreende que o melhor líder é, na realidade, o melhor servidor.

E você poderá ser o melhor gerente, o melhor líder, quando servir de forma altruísta e com todo o coração, quando se importar com seus funcionários e estimá-los, quando satisfizer as necessidades deles como se fossem suas.

Um dos maiores líderes que já viveram foi Moisés.

Seguindo os ditames de Deus, Moisés enfrentou o Faraó, lançou as dez pragas sobre o Egito, libertou seu povo do cativeiro e conduziu-o pelo Mar Vermelho. Lutou ao seu lado contra os inimigos que tentaram destruí-los. Subiu ao topo da montanha para receber os Dez Mandamentos. Guiou seu povo na longa jornada pelo deserto.

Durante toda a jornada, ele ouvia pacientemente os gritos das pessoas que reclamavam da falta de alimentos, de água, de conforto.

Certo dia, o povo reclamou mais do que nunca. Estavam com muita sede e não havia água. Eles foram até Moisés e gritaram: "Encontre água para nós, senão vamos morrer neste deserto".

Moisés recorreu a Deus. "O que devo fazer?", perguntou. "Onde irei achar água para essa gente sedenta?"

E Deus disse: "Fale com aquela pedra ali; e ela irá produzir água".

Mas Moisés não falou com a pedra. Em vez disso, bateu nela com seu cajado. A água brotou e o povo bebeu até ficar satisfeito.

Mas Deus estava muito irritado e disse a Moisés: "Eu lhe disse para falar com a pedra, mas você bateu nela. Você será punido. Moisés, você não conseguirá entrar na Terra Prometida".

Não entrar na Terra Prometida? Só por ter batido na pedra? Depois de tudo o que fez para seu Deus e seu povo, seria negada a Moisés a recompensa por todo o seu trabalho?

Parece extremamente injusto.

Mas o verdadeiro problema não era o fato de ele ter batido na pedra, nem de ter desobedecido as instruções de Deus.

O que aconteceu foi que Moisés estava exausto, "esgotado", irritado com as queixas constantes das pessoas e suas infindáveis exigências. Em vez de falar com a pedra – como sabia que deveria fazer –, ele bateu cheio de frustração e fúria.

Moisés não poderia conduzir o povo até a Terra Prometida, não porque havia golpeado a pedra, mas porque não mais possuía as qualidades de liderança. Ele havia se esquecido de agir com justiça, ser compassivo e caminhar com humildade.

Você é um Moisés. Pois você – como todas as pessoas – quer entrar na "terra prometida" dos seus próprios desejos durante sua vida.

Como Moisés, a você pode ser negada a recompensa suprema da satisfação em seu trabalho, caso se esqueça do que é preciso para ser um verdadeiro líder.

Ou você pode liderar o caminho até a terra prometida de realizações e sucesso – trazendo consigo todas as pessoas com quem trabalha – se lembrar as palavras de David Wolpe, em seu livro *The Healer of Shattered Hearts*: "Para cada um de nós, a questão não é como matar o dragão, mas como cuidamos das ovelhas".

A terra prometida está à sua espera. As ovelhas aguardam seu pastor.

Sexto Mandamento

"TRAGA ALÍVIO E CURA"

Deve ser maravilhoso ser um pesquisador de opinião.

Como as pessoas devem ficar felizes quando são abordadas por um pesquisador – prancheta na mão, lápis em posição – que lhes pergunta: "O que você acha? Qual é sua opinião? O que você escolhe? Como se sente?".

Como elas devem ficar satisfeitas sabendo que alguém realmente lhes dá ouvidos.

Como devem ficar satisfeitas supondo que alguém realmente se importa.

Como devem ficar satisfeitas sentindo que são realmente importantes e que aquilo que pensam e sentem realmente conta.

Quantas milhares de vezes você disse: "Oi. Como está você"?

Quantas vezes você esperou por uma resposta sincera – ou dela necessitou?

Quanto você realmente sabe a respeito dos sentimentos, do bem-estar, da saúde daqueles com quem trabalha?

Contudo, o que é mais importante que a saúde mental e física daqueles que trabalham com você e para você?

O bem-estar pessoal e a paz de espírito dos seus funcionários – e a produtividade deles no trabalho – muitas vezes dependem de quão seguros e protegidos eles se sentem.

Isso porque pouquíssimas pessoas podem deixar todos os sentimentos, todas as emoções, todas as preocupações – tristezas e alegrias – na porta do escritório. Todos os dias há aquelas que vêm para o trabalho com problemas pessoais: doenças, dores físicas, problemas matrimoniais, um filho doente, um pai moribundo, um novo amor, a formatura de uma filha, o casamento de um filho.

Que papel ou responsabilidade tem sua empresa em prover a segurança e a proteção, a saúde e a dignidade dos seus funcionários?

Com um distanciamento de mais de três mil anos, a Bíblia oferece orientação:

> Se dois homens brigam e um atinge o outro com uma pedra ou com os punhos, e o atingido não morrer, mas precisar ficar acamado devido aos ferimentos, se ele conseguir se erguer e caminhar, então aquele que o feriu não será julgado culpado. Mas ele deverá pagar pelo tempo do homem ferido até que este esteja totalmente curado.

Não é incrível?

Há mais de três mil anos, a Bíblia exigia o pagamento das contas médicas e uma compensação por salários perdidos para um homem ferido por outro.

Atualmente, isso significa que você pode inspirar confiança em seu local de trabalho certificando-se de que o espaço e as condições de trabalho são seguros. E, caso alguém seja ferido, você pode prover tempo e dinheiro para assegurar uma cura total.

Isso significa que você pode garantir que todos os seus funcionários – e suas famílias – estejam adequadamente protegidos provendo seguros médicos, dentários, contra incapacitação e de vida.

Não só seu pessoal irá se beneficiar, mas também você e sua empresa, pois um funcionário que se sente valorizado e bem-cuidado será um funcionário melhor, mais eficaz e produtivo. Um trabalhador que sabe que sua família está protegida em caso de trauma ou tragédia será um trabalhador mais satisfeito e leal.

Mas você pode fazer muito mais do que prover assistência em caso de doença ou ferimentos.

Você pode ajudar a evitar dor e sofrimento antes que eles ocorram. Os serviços preventivos de saúde podem incluir um *check-up* anual, academias e pistas de corrida e equipamentos de ginástica no local de trabalho, clínica para redução do estresse e psicólogos ou assistentes sociais para oferecer aconselhamento. Serviço preventivo de saúde pode significar até um fisioterapeuta para massagens relaxantes e revigorantes.

Com o serviço preventivo de saúde, cada vez mais doenças sérias podem ser evitadas, o que significa trabalhadores mais saudáveis e produtivos.

E para a empresa isso pode significar menor absenteísmo, menos dias de afastamento remunerado e menos horas perdidas de produção e produtividade.

Com os serviços preventivos de saúde, todos saem ganhando.

Mas ajudar a promover a saúde física é só a metade do necessário.

Nos últimos anos, nasceu uma crescente percepção de que dois exemplos de sabedoria antiga têm grande relevância em nossos dias.

Buda disse: "Manter o corpo em boa saúde é um dever; caso contrário, não seremos capazes de manter nossas mentes fortes e claras".

Um corpo sadio ajuda a criar uma mente sadia.

E a Bíblia ensina: "Uma pessoa é como ela pensa".

Uma mente sadia ajuda a criar um corpo sadio.

Visionários modernos como Norman Cousins, Dr. Bernie Siegel e Dr. Deepak Chopra ensinam sobre à inextrincável conexão entre mente e corpo – que está sendo chamada de "saúde holística".

Muitas vezes um corpo tomado pela dor pode impedir a criatividade e a transcendência da mente. Pensamentos negativos e projeções pessimistas podem causar dano ao corpo ou impedi-lo de se curar.

O que você pensa e sente pode significar doença ou saúde, uma doença continuada ou uma recuperação rápida.

Como explica Norman Cousins: "A maior força do corpo humano é o impulso natural do corpo para se curar, mas essa força não é independente do sistema de crenças, o qual pode transformar expectativas em mudanças psicológicas. Nada é mais admirável, a respeito dos quinze bilhões de neurônios no cérebro humano, do que sua capacidade para converter pensamentos, esperanças, ideias e atitudes em substâncias químicas (as quais podem curar o corpo doente). Portanto, tudo começa com a crença".

Você pode ajudar seus funcionários a estarem saudáveis e bem dispostos quando ouve suas preocupações – e também suas palavras não ditas, quando compartilha da sua alegria, sente suas dores, comemora seus triunfos e os conforta em sua tristeza.

Você pode ajudar seu pessoal a fazer o melhor trabalho possível quando vê não apenas o trabalhador – e o papel que ele desempenha em seus planos –, mas a pessoa – todo um ser humano – que sente e reage, que ri e chora, que fere e pode curar.

Quando você tem pessoas saudáveis e felizes, está fazendo o melhor para os seus negócios. E você tem pessoas assim quando cuida delas e satisfaz suas necessidades.

Você se lembra da história da princesa e da ervilha?

Por mais colchões macios que fossem empilhados para a princesa dormir, ela ainda conseguia sentir um pequeno grão de ervilha embaixo do primeiro.

Somente quando a ervilha foi removida, ela conseguiu dormir confortavelmente e em paz.

Não são apenas doenças catastróficas, ferimentos traumáticos ou grandes tragédias que impedem um trabalhador de se concentrar e fazer um bom trabalho. Os pequenos fatores irritantes de feridas e ansiedades pessoais – a ervilha sob o colchão – também prejudicam o conforto do corpo e a paz de espírito.

Você pode ajudar a eliminar os obstáculos que impedem que seus funcionários façam o melhor trabalho possível quando sua empresa oferece maneiras para promover a saúde pessoal e a serenidade emocional, meios para ajudar a aliviar as preocupações pessoais que os perturbam.

Muitas empresas estão substituindo as refeições carregadas de gordura e colesterol na lanchonete interna por mais frutas, verduras e cereais, por cardápios com menos sal e gordura. O "almoço de três martinis" cedeu lugar não só a despesas menores, mas também à percepção de que um trabalhador saudável é um trabalhador melhor.

Muitas empresas estão pendurando quadros nas paredes, colocando magníficas esculturas em seus corredores e tocando música suave através de alto-falantes ou fones de ouvido, sabendo que o ambiente em que as pessoas trabalham afeta o desempenho e que estar cercado por obras de arte e boa música conforta o espírito, trazendo calma e inspiração criativa, motivando as pessoas a trabalharem melhor.

Grande parte das empresas estão reagindo aos problemas de abuso de drogas oferecendo programas de reabilitação e internações em centros de recuperação. Sentindo-se responsáveis pela recuperação de todas as pessoas, essas empresas estão ajudando a transformar uma tragédia em esperança.

Muitas empresas estão aumentando a duração da licença-maternidade, sabendo que as mães necessitam de muito tempo para estabelecer vínculos com seus bebês. E algumas também estão oferecendo licença-paternidade, reconhecendo que um bebê tem um pai com quem também precisa estabelecer vínculos.

Muitas delas estão criando creches internas e programas para depois da escola para os filhos dos funcionários, proporcionando um ambiente seguro para as crianças e confiança e paz de espírito para os pais.

Muitas ainda estão criando horários de trabalho flexíveis para que os pais possam estar com seus filhos nas horas em que estes mais necessitam, sem prejuízo da execução de seus trabalhos.

Outras tantas – com ou sem ordem do governo – estão concedendo licenças familiares para os trabalhadores que precisam cuidar de um filho ou pai seriamente doente, reconhecendo que os laços familiares e o senso de responsabilidade pela família são componentes vitais da existência humana.

Muitas empresas estão oferecendo licenças por luto depois da morte de um ente amado, reconhecendo que "os negócios continuam como sempre" pode não ser possível para um trabalhador que acabou de perder um pai, cônjuge ou filho.

Algumas empresas estão patrocinando programas de acampamentos de verão para os filhos dos seus funcionários, sabendo que existem lugares melhores para brincar e crescer do que as ruas quentes das cidades no verão e amenizando os temores dos pais que se preocupam com os filhos durante as longas horas de ócio das férias.

Algumas estão proporcionando aos funcionários o uso de centros de retiro para feriados ou férias familiares, sabendo que os trabalhadores sobrecarregados precisam de tempo para restabelecer suas conexões com cônjuges e filhos em um ambiente tranquilo, econômico e cheio de diversões.

Outras empresas estão oferecendo bolsas de estudos em universidades aos filhos dos seus funcionários, sabendo que os custos das escolas constituem um pesado ônus financeiro e que o melhor investimento no futuro é o investimento nos jovens no presente.

Algumas delas se certificam de que qualquer funcionário que passa por um evento importante na vida – casamento, nascimento de um filho, a Primeira Comunhão ou o Bar Mitzvah de um filho, a formatura ou o casamento de um filho, o nascimento de um neto ou o abalo causado pela perda de um ente amado – receba um telefonema pessoal, uma mensagem escrita à mão ou mesmo uma visita pessoal de um representante proeminente da organização. Esse tipo de reconhecimento pessoal e de expressão de sentimentos é muito apreciado e lembrado por muito tempo, pois é uma evidência tangível do compromisso da empresa com a vida e os sentimentos dos seus funcionários.

Algumas empresas estão demonstrando uma profunda sensibilidade quando funcionários antigos e excelentes são demitidos – um fato que está ocorrendo com frequência cada vez maior nesses tempos de dificuldades econômicas. Além de entrevistas de saída e da oferta de espaço no escritório e assistência secretarial para ajudar na busca de um novo emprego, algumas empresas começaram a veicular anúncios em jornais locais e nacionais comunicando a disponibilidade de pessoal. Um anúncio recente dizia:

> Funcionários experientes disponíveis. Em consequência do fechamento de nosso Centro de Distribuição local, funcionários de nossa empresa,

experientes em contabilidade, atendimento a clientes, operações por computador, secretaria, controle de estoques, telemarketing e gerenciamento de distribuição estarão disponíveis. Para marcar uma entrevista, por favor, ligue para...

A amargura e o temor da perda de emprego são amenizados pela assistência sincera da empresa e pela sua preocupação com os sentimentos e o futuro de cada um de seus funcionários.

O compromisso da empresa com a saúde física e emocional e com o bem-estar dos seus funcionários e de suas famílias não é apenas um sonho idealista. Empresas em toda a América estão começando a aprender que cuidar bem dos funcionários significa maior satisfação dos trabalhadores, maior produtividade e lucros maiores.

Quando o Presidente Clinton assinou a Lei da Licença Familiar, os principais executivos e dois funcionários escolhidos ao acaso da Fel-Pro, em Skokie, Illinois, foram convidados a testemunhar a cerimônia na Casa Branca, porque a Fel-Pro tinha uma política de licença familiar havia mais de dez anos.

Há décadas a Fel-Pro oferece um amplo cardápio de benefícios aos funcionários que inclui licença-maternidade e familiar, creche interna, acampamentos de verão, orientação escolar e bolsas de estudos universitárias para os filhos dos funcionários, assistência a idosos, aconselhamento psicológico e jurídico, entre outros serviços.

Recentemente, a revista *New Woman* noticiou que os trabalhadores do turno da noite da Fel-Pro podem frequentar um curso de dezesseis semanas sobre cuidados com filhos, oferecido às 3h45.

A Fel-Pro constatou que gastar o tempo e o dinheiro necessários para tratar seus funcionários com dignidade e respeito mais que se pagou, pois a empresa tem tido lucros há mais de cinquenta anos consecutivos.

Lewis Weinberg, presidente emérito do conselho de Fel-Pro, diz: "Como no casamento, você tira de qualquer relacionamento aquilo que nele colocou. É preciso investir para receber. Por nossa experiência, achamos que assim fazendo podemos ser bem-sucedidos e ter lucros".

As empresas que patrocinam esses tipos de programas merecem admiração e elogios – e imitação – por seu compromisso com os funcionários. Porém nenhuma empresa pode ser um Papai Noel, gastando volumes ilimitados de tempo e dinheiro com benefícios para os funcionários.

Assim, todo trabalhador – não importando que posição ocupa, nem quanta responsabilidade tem, a menos que seja dono do próprio negócio – pode aumentar o desejo e a capacidade da empresa para ajudar seus funcionários. Quando você se monitora e usa somente aquilo de que realmente necessita, quando age de forma justa e não tira proveito daquilo que é oferecido, você ajuda na contenção de custos e mantém disponíveis os benefícios.

Diz um antigo axioma: "Se não cuido de mim, quem cuidará? Mas se cuido somente de mim, o que sou eu?".

Há muito, muito tempo – assim diz a fábula –, um escravo chamado Androcles escapou do seu cruel senhor e entrou na floresta nas cercanias de sua cidade.

Enquanto caminhava pelo coração da floresta, ele ouviu o rugido de um animal que estava com dores.

Ele seguiu o som até uma pequena clareira, onde viu um grande leão dourado uivando em agonia e lambendo a pata.

Ele disse: "Oh grande leão, o que há de errado?".

O leão respondeu: "Tenho este grande espinho profundamente enterrado em minha pata. Não posso tirá-lo e ele dói muito".

Androcles aproximou-se do leão e disse: "Deixe-me ver se posso ajudá-lo". Ele pegou a pata do leão em suas mãos e, com uma pequena faca, conseguiu tirar o espinho da pata.

"Oh, obrigado, senhor. Muito obrigado mesmo."

"Estou feliz por ter podido ajudar", disse Androcles.

E, daquele dia em diante, o leão e o homem eram companheiros constantes.

Um dia, quando Androcles e o leão estavam fazendo uma caminhada, foram capturados e mandados para a cidade para serem exibidos no circo.

O plano era simples: o leão ficaria sem comer por muitos dias – o que iria deixá-lo muito faminto e feroz. Então o homem seria dado ao leão como alimento, e a multidão sedenta de sangue poderia ver o homem ser devorado.

No dia marcado, o imperador e toda a sua corte foram ao circo ver o espetáculo.

Androcles foi levado para o anfiteatro. Os gritos da multidão encheram-no de medo e seu coração se encheu de tristeza, pois aquele seria seu fim.

No lado oposto do anfiteatro, uma porta foi aberta e o leão foi solto.

O leão faminto correu na direção da sua vítima, ergueu-se sobre as patas traseiras e estava prestes a comer o homem de um só golpe.

Mas, no último segundo, o leão olhou atentamente para sua presa e reconheceu seu amigo. Em vez de arrancar sua cabeça, o leão colocou as patas sobre os ombros do homem e começou a lamber seu rosto delicadamente.

Os gritos da multidão cessaram. O imperador ficou tão espantado por aquilo que havia visto que decidiu que o homem devia possuir poderes mágicos especiais. Ordenou imediatamente que ele fosse libertado e que o leão fosse devolvido à floresta. E assim, em vez de encontrar a morte, Androcles deixou o anfiteatro livre, salvo pelo seu velho amigo – o leão, de cuja pata ele havia arrancado um espinho.

Quando você cuida do seu pessoal, eles cuidam de você – e da sua empresa.

Contudo, mesmo havendo a necessidade de estar intimamente envolvido na vida das pessoas com quem você trabalha, há uma advertência muito importante e séria. Isso porque existe uma linha clara de distinção, um delicado equilíbrio entre preocupação profissional e indiferença pessoal.

Qual é a diferença entre atenção e interferência? Entre intenção sincera e um motivo oculto? Entre um cumprimento e um "venha cá"?

Aparentemente, a linha de distinção está sendo cruzada e o delicado equilíbrio foi perturbado, pois recentemente as acusações de assédio sexual encheram o mundo dos negócios – acusações que vão de comentários desfavoráveis, olhares licenciosos e toques indesejados para solicitar sexo, exigências de ligações sexuais e estupro.

Alguns dos acusados admitem o uso da velha técnica do "sofá de escalação do elenco", esperando favores sexuais em troca de avanços na carreira. Alguns admitem que buscar sexo – ou falar com insinuações sexuais – no local de trabalho tem muito menos a ver com sexo do que com o fato de os poderosos tirarem proveito dos desfavorecidos.

Mas algumas pessoas estão de fato confusas. Brincadeiras, gracejos e comentários que no passado pareciam divertidos e inofensivos são hoje considerados inadequados e impróprios.

E como você caminha por essa linha fina, como mantém aquele delicado equilíbrio entre a preocupação sincera pela vida dos seus funcionários e a não violação dos sentimentos, das sensibilidades ou dos limites deles?

Existe uma regra básica. Pode parecer simplista, mas funciona. Se você a seguir, os problemas de assédio sexual poderão começar a ser eliminados do local de trabalho.

A regra é: "Se você não diria isso à sua mãe ou irmã, não diga à sua colega de trabalho".

E como o assédio sexual não está limitado aos homens, as mulheres podem seguir esta regra básica: "Se você não diria isso ao seu pai ou irmão, não diga ao seu colega de trabalho".

Com o comportamento pessoal modificado, homens e mulheres que trabalham juntos em empresas podem então começar a tomar as providências que irão ajudar a eliminar não só os assédios sexuais no trabalho, mas também a atmosfera social que sanciona – ou mesmo louva – o uso do sexo como meio para atingir metas e satisfazer desejos.

Isso porque algumas das mesmas pessoas que se queixam com razão de assédio sexual são as mesmas que se sentam em agências de *marketing* e em salas de reuniões corporativas criando campanhas publicitárias que usam mulheres semidespidas e homens quase nus, linguagem carregada de sexo e a sedução da conquista sexual para vender automóveis, *jeans*, cerveja e quase tudo mais.

Se você quer ajudar a acabar com os assédios e as insinuações sexuais na sua empresa, então pode começar ajudando a eliminar o uso de "sexo para vender" no mercado.

Você pode ajudar a criar um novo ambiente profissional em que o sexo não é usado, onde as pessoas não são usadas, onde produtos e serviços são vendidos por seus próprios méritos, onde cada pessoa é tratada com dignidade e respeito.

Com sua consciência da desconfiança e da dor que o assédio sexual pode causar no mercado, e com seu compromisso de livrar o mundo do trabalho de insinuações sexuais desnecessárias e indesejáveis, você poderá ajudar a criar um novo equilíbrio, uma segurança renovada e uma cura profunda no mercado.

Como disse Ralph Waldo Emerson: "A ostra ferida conserta sua concha com pérolas".

Nem mesmo o melhor serviço de saúde e a mais profunda preocupação com seu pessoal bastam para trazer alívio e cura, pois as pessoas não existem sozinhas.

Somos uma parte intrincada e interconectada do universo em que vivemos. E a saúde do universo determina a saúde de cada ser humano.

Nas palavras do líder índio, o Chefe Seattle: "Isto nós sabemos. A terra não pertence ao homem; o homem pertence à terra. Isto nós sabemos. Todas as coisas estão ligadas, como o sangue que une uma família. Todas as coisas estão ligadas entre si. O que acontece com a terra, acontece aos seus filhos. O homem não tece a teia da vida; ele é meramente uma linha nela. Qualquer coisa que ele faça com a teia, fará a si mesmo".

"A Terra é do Senhor" – mas nos foi dada para que a compartilhemos, admiremos e desfrutemos. As nuvens fofas no céu azul; o sol ardente mergulhando no amplo horizonte; a grande lua amarela e as estrelas cintilantes; as ondas do mar e o fluxo suave dos rios; as árvores altas e a grama verde; as vacas mugindo; os pássaros que gorjeiam; a ovelha que bale; os leões que rugem; as abelhas que zumbem e as delicadas e esvoaçantes borboletas.

Que grande dádiva recebemos!

Mas oh, como a temos saqueado!

Sufocamos o céu com a fumaça das chaminés de nossas fábricas e as emissões de nossos automóveis.

Poluímos os rios com nosso lixo industrial tóxico.

Derrubamos florestas inteiras apenas para imprimir o jornal de domingo e destruímos as árvores para fazer lenços de papel, palitos de dentes e caixas de papelão – todos usados uma só vez e jogados fora.

Despojamos a Terra de seus minerais brilhantes para encher nossos dedos de joias e a despojamos de seus recursos para alimentar nosso infindável consumo.

Esgotamos a camada de ozônio com nossas latas de aerossol, desfolhando as florestas tropicais e causando o aquecimento global.

E dispusemos de nosso lixo de maneira impensada e negligente, de tal forma que nossas montanhas de latas de alumínio e garrafas plásticas ainda estarão altas até a eternidade.

E a Terra está gritando para nós em sua dor.

Para começar a proteger o meio ambiente, preservar a Terra, proteger o planeta, salvar o universo, sua empresa pode começar a curar em vez de ferir.

Você pode se certificar de que suas chaminés não poluem e seus produtos químicos não são venenosos. Você pode assegurar que respeita os recursos naturais, poupa água, recicla e repõe.

Se você contamina um rio, pode limpá-lo.

Se você polui o ar, pode purificá-lo.

Se você corta uma árvore – ou usa uma floresta de papel na sua copiadora –, pode plantar uma árvore.

Você pode buscar novos combustíveis que poluam menos, desenvolver novos métodos para renovar recursos, encontrar novas tecnologias que possam restaurar e sustentar o lugar no qual todos nós vivemos.

Conveniência, oportunidade, lucros maiores, tudo isso perde importância quando você percebe que o que está em jogo é o ar que você e seus filhos respiram, a água que vocês bebem e a proteção que têm contra os raios ultravioleta do sol. O que está em jogo não é apenas qualidade de vida, mas *a própria vida.*

Assim, quando você e sua empresa decidem tomar providências positivas para ajudar a curar e salvar o universo, na realidade estão salvando a si mesmos.

Como explica Ram Dass, o grande guia espiritual contemporâneo: "Na profundeza máxima de ser, nós nos vemos não mais separados, mas como parte da unidade do universo. Essa unidade inclui o sofredor e o sofrimento, o agente de cura e o remédio.

Portanto, todos os atos de cura são, em última análise, nós curando a nós mesmos".

Seu compromisso com a cura da Terra pode inicialmente parecer autodestrutivo – pois seus concorrentes podem não se unir a você e seus lucros podem sofrer.

Mas os consumidores estão cada vez mais conscientes das necessidades da Terra e cada vez mais determinados a usar produtos de empresas comprometidas com a proteção e a preservação dos recursos naturais e do meio ambiente.

É por essa razão que, nos últimos anos, os consumidores têm prevalecido sobre as empresas para reformular ingredientes, reestruturar a fabricação, mudar embalagens, usar papel e plásticos reciclados e instituir uma série de outras mudanças – todas sensíveis a preocupações de ordem ambiental.

Quando suas práticas de negócios resultam em lucro para o universo, sua empresa, por sua vez, dará lucro para você.

E seu compromisso com a cura da Terra pode inicialmente parecer opressivo – porque há tanto para fazer, tanta coisa a ser preservada.

É claro que você não pode fazer tudo de uma vez e talvez nem veja os resultados no tempo em que viver.

Mas você pode começar.

Certa vez um sábio passou por um campo e viu um velho plantando um carvalho.

"Por que está plantando essa árvore?", perguntou ele. "Você certamente não espera viver o suficiente para ver a semente se transformar em um carvalho!"

O velho respondeu: "Não irei viver tanto tempo, mas preciso plantar esta árvore. Quando vim a este mundo, pude desfrutar da sombra e dos frutos das árvores que meus ancestrais haviam plantado para mim. Estou plantando agora para que os filhos de meus filhos tenham árvores quando vierem a este mundo".

A existência como ela é e será – o destino e o futuro do nosso planeta – é você quem determina.

Você irá trazer proteção e cura?

Irá salvaguardar a grande confiança que recebeu?

O grande chefe índio Touro Sentado ofereceu o desafio: "Juntemos nossas mentes e vejamos o que devemos fazer para nossos filhos".

Era uma vez um viajante que fazia uma longa, longa jornada. Ele havia caminhado muitas milhas e estava cansado e com calor, faminto e com sede.

Finalmente ele chegou a uma árvore grande e frondosa.

Sentou-se encostado no tronco para descansar. A sombra das folhas era refrescante. O homem comeu frutos da árvore e bebeu seu doce suco.

Quando estava pronto para prosseguir em sua jornada, o viajante disse à árvore: "Como posso lhe agradecer e abençoar por tudo que você me deu? Gostaria de abençoá-la com a abundância, mas você já tem tudo: tem um tronco forte para dar conforto; tem folhas largas para refrescar; tem frutos deliciosos e suculentos para matar a sede e a fome. Como posso abençoá-la?".

"Há somente uma bênção que posso lhe dar, e é assim que eu a abençoo: 'Que suas sementes sejam como você'".

Que suas sementes sejam como você.

Que seus filhos, seus netos e gerações ainda por nascer se regozijem na terra – a terra protegida, curada e preservada por você.

Um sábio disse: "Não há riqueza maior que a saúde".

E sua avó provavelmente disse: "Tudo estará bem enquanto você tiver sua saúde".

Um dos empreendedores mais bem-sucedidos e ricos da América observava impotente enquanto seu filho adolescente morria de câncer no cérebro.

Ele teria trocado alegremente tudo o que é, tudo o que tem, tudo aquilo que virá a ser, pela vida do filho.

Ele e nós sabemos: fama e fortuna são passageiras e insignificantes.

Nada é mais importante que uma boa saúde.

As decisões supremas a respeito de doença ou saúde, vida ou morte, certamente não estão em nossas mãos.

Mas a saúde do nosso povo, da sua empresa, do seu universo depende – em grande parte – das escolhas e dos compromissos que você fizer.

Quando coloca seu povo e seu planeta sob seus cuidados e sua cura santa, você pode ajudar a trazer a paz para almas perturbadas e a esperança para um mundo sofrido.

Sétimo Mandamento

"PAGUE O DÍZIMO"

Muito antes de existirem relatórios anuais, muito antes de existirem declarações de lucros e perdas, ganhos antes do imposto e deduções fiscais de contribuições para instituições de caridade, havia o instinto humano básico para os cuidados mútuos.

É por isso que há muito tempo nos diziam: "Pague o dízimo". Daquilo que ganha, dê 10% para os necessitados.

Daquilo que recebe, você é solicitado a dar.

Em tempos modernos, isso significa que, de cada dólar que ganha, você dá dez centavos a uma pessoa ou causa que precise da sua ajuda.

Você é solicitado a dividir o que ganha para alimentar os famintos e abrigar os sem-teto; para ajudar a proteger as viúvas e os órfãos; para erguer os oprimidos e dar esperança aos aflitos.

Você pode escolher qualquer instituição de caridade, apoiar qualquer causa, reagir a qualquer necessidade, mas precisa dar.

Certa vez, um príncipe se perdeu em uma floresta por muitas horas. Finalmente ele chegou a uma estalagem, onde foi imediatamente reconhecido. Ele pediu uma refeição leve de ovos fritos.

Quando terminou, o príncipe perguntou: "Quanto lhe devo"?

O estalajadeiro respondeu: "Vinte e cinco rublos".

"Por que um preço tão exorbitante?", perguntou o príncipe. "Os ovos estão em falta nesta área?"

"Não, os ovos não estão em falta", respondeu o estalajadeiro. "Mas príncipes, sim."

Naquele país – e neste mundo – onde tantas pessoas necessitam de tanto, não há muitos com meios para dar.

Mas você e sua empresa têm meios.

Você possui os recursos de um príncipe para compartilhar aquilo que recebeu com os necessitados.

Dar pode ser tão simples quanto reagir àquilo que está diante dos seus olhos.

Um velho contador de histórias narra: "Para meu avô, dar era tão simples quanto fazer uma caminhada. Certa vez, ele chegou em casa sem o seu sobretudo.

'Onde está seu casaco?', perguntou minha avó.

'Casaco? Que casaco?'

'Aquele que você vestia quando saiu de casa.'

'Ah, aquele casaco. Eu o dei.'

'Para quem?', perguntou minha avó. 'Para quem?'

'Para um homem que não tinha casaco', disse meu avô".

No mundo dos negócios, dar usualmente é mais formalizado, mas serve para o mesmo fim: prover para os necessitados.

A maior parte das empresas encoraja seu pessoal a ajudar a apoiar a campanha local da United Way, a organização superior que financia inúmeros projetos e instituições meritórios em toda a comunidade local.

Muitas empresas apoiam organizações de pesquisa sobre saúde e de serviços de saúde, provendo fundos para ajudar na descoberta da cura para as doenças que nos afligem.

Muitas empresas apoiam instituições cívicas e culturais como orquestras sinfônicas, teatros, óperas, companhias de dança e museus.

Muitas empresas apoiam instituições e programas de ensino.

Muitas empresas apoiam grupos de serviços diretos que trabalham pessoalmente com pessoas necessitadas.

Muitas empresas fornecem "fundos equivalentes", dobrando efetivamente as contribuições feitas pessoalmente por seus funcionários para as causas por eles escolhidas.

Quando você e sua empresa doam parte dos seus recursos monetários, estão agindo em benefício do interesse do bem público.

Vocês são membros contribuintes da comunidade e da sociedade na qual vivem e trabalham – a qual apoia sua empresa comprando seus produtos.

Há, porém, um cuidado a respeito de doações corporativas. Os consumidores – e os acionistas de empresas de capital aberto – têm o direito de saber para onde vão os fundos corporativos.

Embora a maior parte das contribuições se destine a causas e organizações que contam com amplo apoio público, algumas empresas optam por fazer doações financeiras a causas que alguns podem considerar controversas.

Por exemplo, Tom Monaghan, o dono da Domino's Pizza, contribui fortemente com fundos pessoais e da sua empresa para grupos antiaborto.

Laura Scher e Peter Barnes, donos da Working Assets, empresa de telefonia de San Francisco, contribuem com 1% das receitas brutas para grupos de direitos civis, de direito ao aborto e grupos ambientalistas e oferecem ligações interurbanas gratuitas para que seus clientes façam *lobby* junto a políticos e burocratas do governo.

Essas duas empresas – e muitas outras como elas, que contribuem para causas políticas de interesse especial – têm todo direito de "colocar seu dinheiro onde bem entendem", para apoiar financeiramente suas paixões políticas.

Mas elas também devem revelar aos seus consumidores para onde vão suas contribuições.

Então os consumidores estarão plenamente informados e poderão optar por comprar ou não uma pizza de uma empresa que apoia grupos antiaborto e por fazer ou não ligações interurbanas com uma empresa que apoia grupos que defendem o direito ao aborto.

Se sua empresa faz doações para grupos que podem ser considerados controversos, você pode divulgar publicamente quem recebe suas doações.

Se você é um consumidor – e todos nós somos –, pode perguntar como as empresas às quais dá sua preferência distribuem suas contribuições caritativas.

Aqui não cabe julgamento, pois há bons homens e mulheres em quase todos os lados de questões sociais e políticas contemporâneas.

Mas existe o direito à informação – devido pelas empresas aos consumidores. E existe a opção – que os consumidores devem a si mesmos.

Tão importante quanto doar fundos da sua empresa é doar o trabalho de seus funcionários.

Madre Teresa de Calcutá ensinava: "Há fome de pão comum e também de amor, bondade e cuidado; e esta é a grande pobreza que tanto faz as pessoas sofrerem".

Quando você abre seu coração para doar seu tempo, sua atenção e sua preocupação, quando doa o trabalho das suas mãos àqueles que de você necessitam, essa é a maior doação de todas – a de você mesmo.

Muitas empresas encorajam seus funcionários a dedicar tempo voluntariamente às inúmeras pessoas e causas que precisam de algo além de um cheque. Muitas delas chegam a conceder folgas remuneradas para certo número de horas dedicadas a trabalhos voluntários.

Você e seu pessoal podem oferecer seu tempo, sua energia, seu compromisso com fazer o bem pelas muitas pessoas que necessitam de vocês: pessoas famintas; famílias sem teto; crianças que querem aprender a ler; adolescentes que precisam desesperadamente de direção e orientação; idosos solitários; doentes; incapacitados; pessoas que precisam de uma oportunidade, de um amigo, de um raio de esperança.

Programas como o Meal-on-Wheels [Comida sobre Rodas], que levam comida até as casas de idosos incapacitados, precisam não só de dinheiro para comprar alimentos, mas também de motoristas voluntários para as entregas.

Programas como Big Brothers e Big Sisters, que colocam em contato crianças sem pai ou mãe com amigos adultos, precisam não só de dinheiro, mas também de voluntários adultos para os papéis de irmãos e irmãs maiores.

Programas como Child-Life, realizados em muitos hospitais infantis, precisam não apenas de dinheiro, mas também de voluntários para levar um ursinho, jogar um jogo, ajudar a comemorar um feriado ou simplesmente conversar com uma criança doente.

Quando você e o pessoal da sua empresa doam não somente recursos financeiros, mas também tempo e esforço pessoais, vocês podem perceber realmente o valor das suas doações, pois veem os rostos e tocam os corações das pessoas a quem atendem.

Há pouco tempo, eu estava na região central da cidade em que vivo. Estava caminhando da garagem onde havia deixado meu carro até um edifício de escritórios a poucas quadras de distância.

Enquanto caminhava, notei muitos moradores de rua sentados nas entradas de edifícios, em bancos nos pontos de ônibus e nas calçadas. Esses são os famintos e sem-teto da minha cidade, com poucos lugares para ir e poucas oportunidades para perseguir.

Peguei no bolso algumas moedas e as dei às pessoas que vi.

Sei que há um grande debate a respeito das razões da existência de famintos e desabrigados em nossa sociedade. E há um debate ainda maior a respeito de como resolver o problema – se devemos "dar a uma pessoa um peixe e alimentá-la por um dia, ou ensiná-la a pescar e alimentá-la pela vida inteira". Mas, naquele momento, a situação dos famintos era, para mim, mais importante que os debates sobre soluções permanentes a longo prazo. Assim, peguei algumas moedas no bolso para dar àquelas pessoas famintas.

Mas então aconteceu uma coisa estranha. Comecei a reconhecer alguns rostos.

Quem eram aquelas pessoas? Eu as conhecia? Eram amigos ou conhecidos que estavam em maré baixa de sorte e haviam acabado nas ruas sem que eu soubesse? As pessoas pareciam *tão* familiares. Quem eram elas? Quais eram seus nomes?

E então me lembrei de que, algumas semanas antes, eu havia sido voluntário para ajudar a servir refeições para os famintos em uma das cozinhas comunitárias da minha cidade. Eu havia passado uma manhã de domingo servindo comida para quem vinha comer.

E agora, caminhando pelas ruas da cidade, eu reconhecia os rostos das pessoas que haviam passado pela fila de comida. Elas não faziam mais parte de um grupo sem nome nem rosto que havia buscado uma refeição naquela manhã de domingo. Eram seres humanos individuais que ainda estavam com fome naquela tarde de terça-feira.

Quando vi aquelas pessoas, lembrei-me de uma lição que meu filho havia me ensinado muitos anos atrás.

Por muito tempo, minha família pôs em prática o antigo ensinamento do Rabino Tanchum: "Embora precisasse somente de uma porção de carne para si, ele comprava duas; em vez de um maço de verdura, comprava dois – um para ele e outro para os pobres".

Todas as vezes que vamos ao supermercado, compramos um item extra – uma lata de atum, um pacote de macarrão e queijo, uma caixa de cereal.

Guardamos esses itens extras em um saco no porta-malas do carro e, quando ele está cheio, nós o deixamos em um depósito local que distribui comida aos famintos da nossa cidade.

Um dia no mercado peguei uma caixa de cereais na prateleira e disse: "Esta será nossa doação de alimentos de hoje".

Meu filho – que na época tinha cinco ou seis anos – tirou a caixa do carrinho de compras, colocou-a de volta na prateleira e disse: "Não, não será".

Fiquei surpreso e perguntei: "Por que não? Porque estes cereais não podem ser nossa doação de hoje?".

Pegando outra caixa de cereais na prateleira, meu filho disse: "Hoje vamos pegar cereais com açúcar, porque também há crianças famintas e elas gostam mais deles".

Que grande lição meu filho me ensinou, pois ele – na sua sabedoria infantil – tinha de fato visto os rostos das pessoas que estávamos ajudando a alimentar.

Mesmo que não tenha muito dinheiro para dar, mesmo que sua empresa esteja sentindo o aperto dos tempos econômicos difíceis, você ainda assim pode atender às necessidades reais de pessoas reais doando os serviços do coração e das mãos da corporação.

Como disse Albert Schweitzer: "Não sei qual será seu destino, mas de uma coisa eu sei: os únicos de vocês que serão realmente felizes são aqueles que procuram servir e acham como fazê-lo".

Com seus serviços, você pode fazer muito bem, pode fazer uma grande diferença.

Contam a história de uma mulher virtuosa a quem foi permitido ver um relance do futuro. Em um luxuoso palácio, ela foi levada até uma grande sala, onde viu centenas de pessoas sentadas diante de uma gigantesca mesa de banquetes. Sobre a mesa havia uma vasta gama dos pratos mais deliciosos do mundo. Mas nem um bocado de comida havia sido tocado.

A mulher nada entendeu e perguntou ao seu guia: "Por que essas pessoas não estão comendo? Elas parecem famintas e a comida parece muito boa. Por que então elas não estão comendo"?

O guia respondeu: "Elas não conseguem se alimentar. Se você reparar, verá que cada uma está com os braços presos a talas rígidas. Ela pode esticar os braços, mas não dobrá-los. E, por mais que tente, não consegue levar a mão à boca para se alimentar".

A mulher olhou aquilo com tristeza e disse: "Se esse é de fato um relance do mundo do futuro, então aqui certamente é o inferno".

Então o guia escoltou-a pelo corredor, até outra grande sala. Lá também havia uma grande mesa cheia de comida, com centenas de pessoas ao seu redor.

Mas lá as pessoas pareciam bem alimentadas, felizes e satisfeitas.

A mulher viu que, exatamente como na outra mesa, os braços de cada pessoa estavam presos por talas rígidas.

Ela perguntou ao guia: "Como podem essas pessoas parecer tão bem alimentadas e satisfeitas se suas mãos também estão presas e elas não podem dobrar os braços para levar comida às suas bocas"?

O guia respondeu: "Olhe com atenção".

A mulher olhou e viu que, embora cada pessoa não pudesse dobrar os braços para se alimentar, podiam pegar comida com o braço esticado e levá-la à boca do seu vizinho.

"Se esse é um relance do mundo do futuro", disse ela, "então aqui certamente é o céu".

E o guia respondeu: "Tem razão. A diferença entre céu e inferno está em servir outro ser humano".

Você e as pessoas da sua empresa podem ajudar a criar um pedacinho de céu aqui na terra quando servem outros seres humanos, quando dividem o que têm e ajudam aqueles que precisam de vocês.

Você e sua empresa serão membros ativos, participantes e contribuintes da comunidade em que vivem e trabalham quando você compreender a sabedoria deste ditado: "Serviço é o aluguel que você paga por viver na terra".

Quando você dá dinheiro e tempo, pode parecer que seu benefício é pequeno. Mas não é um clichê dizer que "é melhor dar do que receber". É a verdade.

As causas e as pessoas a quem você dá irão se beneficiar, mas você e sua empresa irão se beneficiar mais. Pelo fato de servir ao interesse público, sua reputação será promovida e seu nome será conhecido para sempre.

Mais importante, você sentirá satisfação, felicidade, bem-estar por praticar o bem.

Na colocação de um artigo na revista *Modern Maturity*: "O mundo está cheio de dois tipos de pessoas: os doadores e os tomadores. Os tomadores comem bem – mas os doadores dormem bem".

"Tudo aquilo que vai, volta." Quando você dá de coração aberto, sua doação não só é uma bênção, mas também traz a bênção de volta para você.

Do escuro sótão em Amsterdã, onde ela e sua família se escondiam dos nazistas durante a II Guerra Mundial – daquele horrível lugar de angústia e sofrimento, onde ela seria certamente perdoada por qualquer ato de desespero ou lamento –, a jovem Anne Frank nos deixou estas palavras: "Dê de você, dê o máximo que puder! E você sempre pode dar alguma coisa, mesmo que seja somente bondade!... Dê e você receberá muito, muito mais do que julgava possível. Dê e dê novamente. Ninguém ficou pobre por dar!".

Mesmo em sua angústia e dor, Anne Frank compreendia que o maior bem humano é dar e compartilhar, e que o maior prazer e satisfação que poderia ter viria por dividir suas poucas posses e dar do fundo do coração.

Como explicou Kahlil Gibran: "para aqueles que dão com alegria, a alegria é a recompensa".

O Reverendo Dr. Martin Luther King Jr. ensinou: "A pergunta mais persistente e urgente da vida é: 'O que você está fazendo pelos outros?'".

Há muito para fazer, muitas maneiras de combater os males que assolam este mundo, muitas pessoas e lugares à espera da sua ajuda.

Se você foi abençoado com inteligência e conhecimento, com talento e habilidade, com destreza e energia, com sucesso e recursos – e sabe que os tem –, então você tem muito para dividir, muito para realizar.

Existe lá fora todo um mundo esperando por você, esperando – e precisando – fazer uso de seus recursos e do trabalho das suas mãos.

Existe lá fora todo um mundo que será enriquecido e enobrecido – assim como você – quando você der daquilo que recebeu.

Existe todo um mundo lá fora – e todo um mundo dentro da sua alma – que irá se alegrar quando você compreender com Maomé que "a verdadeira riqueza de uma pessoa é o bem que ela faz neste mundo".

Oitavo Mandamento

"LEMBRE-SE DO DIA DE DESCANSO"

Você dirige sua empresa, ou é ela que o dirige?

Por que você trabalha? Por que ganha dinheiro?

Você certamente gosta da satisfação de um trabalho bem-feito. Certamente precisa e quer as coisas que o dinheiro pode comprar.

Mas seu emprego, sua empresa, sua profissão podem consumi-lo. Podem tomar todo o seu tempo, toda a sua energia. Podem parecer dirigir sua vida.

Contudo, em todos os meus anos visitando pessoas em hospitais e asilos para idosos – pessoas doentes e, algumas vezes, moribundas –, nenhuma dessas pessoas me disse: "Oh Rabino, gostaria de ter passado mais tempo trabalhando".

As pessoas diziam: "Queria ter passado mais tempo com minha esposa, meu marido, meus filhos, meus amigos. Queria ter passado mais tempo me divertindo, fazendo as coisas que me davam prazer e alegria pessoal".

Depois de toda uma carreira de trabalho, contribuição e merecimento, quando você se aposenta, a empresa pode lhe dar – ou você mesmo compra – um relógio de ouro. Mas, por mais que trabalhe, quando você morrer, ninguém irá lhe dar uma lápide de ouro.

Certa vez, um sábio viu um homem correndo pela rua, sem olhar para os lados. "Por que está correndo tanto?", perguntou ele ao homem.

"Corro atrás do meu sustento", respondeu o homem.

"E como você sabe", perguntou o sábio, "que seu sustento está correndo à sua frente para ter de persegui-lo com tanta pressa? Talvez ele esteja atrás de você e tudo o que tem a fazer para encontrá-lo é ficar parado".

Onde quer que esteja seu sustento, de vez em quando ficar parado pode ajudar.

Pois você faz seu melhor trabalho – e tem seu maior sucesso – quando mantém as coisas em perspectiva, quando concilia suas responsabilidades com os compromissos e com você mesmo, quando se lembra de que está ganhando a vida para poder vivê-la.

Quanto mais se esforça, mais você precisa descansar – para recuperar a energia do corpo e rejuvenescer sua alma.

Quando você e as pessoas que trabalham com você tiram pelo menos um dia de folga por semana – não uma hora aqui e ali, não um dia de vez em quando (se você encontrar tempo), mas um dia programado regularmente, que você pode, se quiser, chamar de sábado ou domingo –, você desacelera e relaxa, tem tempo para pensar, para contemplar, para dividir com seus entes amados.

Seu dia de folga pode enriquecê-lo enormemente, porque ao menos uma vez por semana você diz e mostra a si mesmo o que é realmente importante, o que realmente conta em sua vida.

Se você é casado, pode recordar e manter a fé nos votos que fez no dia do seu casamento.

Certa vez, um rabino oficiava um funeral. Na conclusão do serviço no cemitério, o homem cuja esposa havia acabado de ser enterrada ficou chorando em silêncio ao lado do túmulo.

Depois de alguns minutos, o rabino aproximou-se dele e disse: "Meu amigo, está na hora de ir. Está na hora de deixar o cemitério".

O homem sacudiu a cabeça e disse: "Não, Rabino. Você não compreende".

O rabino afastou-se do túmulo, dando ao homem mais alguns momentos em sua tristeza.

Alguns minutos depois o rabino, mais uma vez, aproximou-se do homem e disse: "Venha, meu amigo. Está na hora de ir. Não há mais nada que você possa fazer aqui e agora. Está na hora de ir".

O homem olhou tristemente para ele e disse: "Não, Rabino. Você não compreende".

Àquela altura o rabino imaginou que havia alguma coisa, além da tristeza normal, que ele *não* compreendia. Então perguntou: "Diga, meu amigo, o que é que eu não compreendo?".

O homem disse: "Rabino, você não entende. Eu amava minha mulher".

O rabino respondeu: "É claro que entendo que você amava sua mulher. Mas agora ela se foi e não há mais nada que você possa fazer hoje aqui no cemitério. É hora de ir para casa e ficar com sua família e seus amigos".

O homem olhou para o rabino com angústia e profunda tristeza e disse: "Não, Rabino. Você não compreende. Eu amava minha mulher. *E uma vez quase disse isso a ela*".

Quando tira um dia por semana para descansar e rejuvenescer, você tem tempo para se conectar com quem ama. Tem tempo para dizer as palavras que revelam seus sentimentos mais íntimos. Tem tempo para os gestos – grandes e pequenos – que transmitem seu amor.

E, se é um pai ou uma mãe, você pode se lembrar de cumprir as promessas que fez aos filhos que trouxe para este mundo.

Meu colega Rabino Jack Segal, de Houston, Texas, é um rabino brilhante, sensível e criativo. Sua congregação tem mais de mil famílias como membros. Há programas quase todo momento de cada dia. O Rabino Segal mantém um ritmo incrivelmente febril, lecionando, pregando, escrevendo, casando, enterrando e criando mais e mais programas para sua congregação.

Mas para o Rabino Segal nunca parecia ter tempo suficiente para aquilo que ele realmente queria fazer. Nas suas palavras:

"Durante todos os anos aqui em Houston, era Toby (minha mulher) que ia ver Jeff, Mike e Scotty jogarem beisebol e assistir Lisa fazendo ginástica. *Eu* estava sempre na sinagoga. Meu pai, como muitos outros, estava sempre ocupado. Ocorriam eventos na Universidade do Texas, como o Dia dos Pais, mas os garotos sempre diziam: 'Pai, não se sinta mal. Nós sabemos. Nós entendemos. Você está ocupado na sinagoga e não pode ir'".

E então houve a tragédia.

Michael, filho do rabino, estava abastecendo seu carro quando um homem, totalmente drogado, assaltou o posto de gasolina. Michael, um espectador inocente, levou um tiro e permaneceu semanas em coma. Ele sobreviveu, mas precisou passar por uma prolongada terapia só para reaprender a andar.

Segal conta: "Durante os primeiros três dias, quando não sabíamos se ele viveria ou não, quando ele nem respondia quando eu ia à UTI para segurar sua mão e falar com ele, eu ficava pensando a respeito de pais e filhos.

Lembrei-me da primeira vez que vi meu filho Jeff jogar beisebol. Ele tinha por volta de onze anos e jogava no parque perto da nossa casa. Era uma tarde de sexta-feira e perguntei a Toby: 'Onde está Jeff?' Ela respondeu: 'Jogando beisebol'. Eu disse: 'O sol está quase se pondo, é hora de começar o Sabá. Preciso fazer a refeição ritual e revisar meu sermão. Tenho de ir à sinagoga para conduzir os serviços'. Toby me disse: 'Vá até o parque e traga Jeff'.

Devo admitir que estava irritado com Jeff. Ele sabia do Sabá e que sempre comíamos juntos antes dos serviços. Então fui depressa ao parque e, quando cheguei lá, vi que a equipe de Jeff estava batendo. Fui até meu filho e disse: 'Jeff, é tarde. Venha para casa. Precisamos iniciar a refeição do Sabá'.

Mas ele disse: 'Papai, sou o próximo a bater. Deixe-me cumprir minha vez com o taco e então irei'. Seus olhos estavam implorando e chorando. Olhei para meu relógio e disse: 'Está bem, mas seja rápido'. E ele foi. Logo na primeira bola ele fez um *home run* [quando o jogador manda a bola para fora do campo e passa por todas as bases antes de o jogo recomeçar] e, quando voltou, com lágrimas nos olhos, ele disse: 'Está bem, vamos para casa'.

Imediatamente eu disse: 'Oh, não! Fique aqui. Você pode acertar de novo e terminar o jogo'. Eu estava tão orgulhoso e feliz naquela tarde, e ele estava tão feliz, que fiquei no parque.

Mas na semana seguinte, mais uma vez eu não tinha tempo para o beisebol, e hoje eu lhe digo que foi um grande erro.

Somente depois que Michael levou o tiro, eu entendi a verdade. Foi preciso uma grande tragédia para que eu abrisse meus olhos para meus filhos".

Se você trabalha demais e não reserva tempo para descansar e rejuvenescer, seus filhos irão crescer sem você. Você irá perder as partidas de beisebol e as aulas de balé, as reuniões dos escoteiros e os recitais de piano.

Em vez de ser como o pai no comercial de TV, que usa o poder do seu cartão de crédito para voar de volta para casa e ver sua filha atuar na peça de teatro na escola, você será como Peter Pan na cena de abertura do filme *Hook – A Volta do Capitão Gancho*, correndo para ver seu filho jogar entre reuniões e ligações de celular, mas nunca chegando na hora. Antes que você se dê conta, seus filhos cresceram e você ficará se perguntando para onde foram todos aqueles anos.

Quando reserva tempo toda semana para descansar e rejuvenescer, você tem tempo para dar aos seus filhos a orientação intelectual, emocional e espiritual de que eles precisam – e não podem receber de ninguém, a não ser de você.

E quando cumpre seu Sabá, você pode se lembrar das promessas que fez para si mesmo na esperança dos seus filhos.

Pois você não quer que sua vida seja como aquela descrita pelo poeta moderno:

Primeiro, eu estava louco para terminar o segundo grau e entrar na faculdade.

Depois, estava louco para acabar a faculdade e começar a trabalhar.

Depois, estava louco para me casar e ter filhos.

Depois, estava louco para que meus filhos crescessem o bastante para ir à escola e eu pudesse voltar a trabalhar.

Depois, eu estava louco para me aposentar.

E agora, estou morrendo...

E, de repente, percebo que me esqueci de viver.

Quando reserva tempo para descansar e rejuvenescer toda semana, você consegue se manter em contato com suas necessidades, seus desejos e suas prioridades. Consegue se lembrar do que é importante para você e o que você e sua vida realmente significam. Tem tempo para ouvir seu coração, fazer suas opções, definir sua direção e controlar seu próprio destino.

A litania de desculpas e racionalizações já pode estar reverberando em seus ouvidos.

"Eu gostaria de ter algum tempo livre, mas para fazer decolar esta nova empresa tenho de trabalhar oitenta, noventa, cem horas por semana."

"Que tipo de exemplo estarei dando aos meus empregados se tirar uma folga? Preciso trabalhar, trabalhar e trabalhar."

"Tempo livre certamente parece maravilhoso, mas até que este projeto esteja completo, todos nós temos de trabalhar vinte e quatro horas por dia."

"Vamos, tenho uma família para sustentar e tempo é dinheiro."

"É claro que gostaria de passar mais tempo com meus filhos, mas sou uma mãe solteira. Conto somente comigo mesma. Preciso trabalhar o máximo para poder dar aos meus filhos tudo o que eles merecem."

"A única maneira de mostrar que estou à altura deste cargo é trabalhar o que for necessário. É o que esperam de mim. Dentro de poucos anos, quando chegar à posição de sócio da firma, então poderei relaxar um pouco."

"Não escolhi esta profissão para marcar um cartão de ponto. Tenho responsabilidades. Pessoas precisam de mim. Elas vêm em primeiro lugar. Mais tarde irei me preocupar comigo."

"A única maneira de derrotar os concorrentes é trabalhar mais que eles. Faremos o que for preciso. Trabalharemos até terminar a tarefa. Trabalharemos até vencer."

Será que qualquer cargo ou empresa, qualquer profissão ou atribuição, qualquer reunião ou conferência, qualquer viagem, contrato, promoção, aumento, vale sacrificar seu relacionamento com sua mulher, seu marido, seu filho ou filha, com você mesmo?

Qualquer coisa que acontece no escritório ou na fábrica vale mais que seus compromissos consigo mesmo e com aqueles que ama?

Quando ouvir *ambas* as vozes dentro de você – aquela que o chama para o trabalho e aquela que o chama para seus compromissos pessoais –, você poderá associar seu trabalho duro à satisfação das suas necessidades e poderá começar a entender realmente por que trabalha e para que vive.

Como você irá observar seu Sabá? E que forma essa observação irá assumir?

Seu Sabá – seu tempo para descanso físico e rejuvenescimento espiritual – é mais que meramente um "fim de semana".

Fins de semana tendem a ser o tempo para tentar realizar todas as coisas para as quais você não teve tempo durante a semana.

Você faz compras, limpa a casa, lava a roupa, faz consertos domésticos, leva os filhos para suas lições e seus jogos. Então, nas poucas horas restantes, você "corre para relaxar". Você procura se divertir jogando uma rápida partida de golfe ou de tênis, jantando com amigos, vendo um filme ou indo a um concerto. Você se parece com a cidade americana descrita pelo autor Sherwood Anderson, que "se esforçava terrivelmente na tarefa de se divertir".

Que os fins de semana não conseguem prover o tipo de descanso e rejuvenescimento de que você necessita já foi confirmado pela pesquisa científica. Um estudo recentemente publicado concluiu que o risco de um ataque cardíaco é 50% maior na segunda-feira do que em qualquer outro dia da semana!

Será porque nos fins de semana exageramos na comida e na bebida? Ou porque, como atletas de fim de semana, nós nos esforçamos demais? Ou porque nossas programações de fim de semana são exaustivas? Será que nos tornamos "batatas de sofá", com cérebros e músculos desligados até segunda-feira de manhã? Será porque nos sentimos muito infelizes em voltar ao trabalho?

Qualquer que seja a razão, os fins de semana – como nós os passamos – estão literalmente nos tornando vulneráveis a doenças.

Assim, o fim de semana, como nós o conhecemos, não é a maneira para você ter o descanso e o rejuvenescimento de que necessita.

Seu Sabá pode ser o tempo para você renovar não só seu corpo, mas também sua alma.

O místico moderno Abraham Joshua Heschel dizia: "O significado do Sabá é celebrar o tempo e não o espaço. Seis dias por semana vivemos sob a tirania de coisas ligadas a espaço; no Sabá, procuramos sintonizar a *santidade no tempo*. Este é um dia em que somos convocados para dividir aquilo que é eterno de passar dos *resultados* da criação para o *mistério* da criação".

Talvez você ache sua renovação participando da observância estruturada do Sabá pela sua comunidade de fé – o Sabá às sextas-feiras dos muçulmanos, o Sabá judaico no sábado ou o Sabá cristão no domingo. Na calma e na paz do seu santuário, você pode sentir o espírito rejuvenescido.

Talvez você ache sua renovação na beleza da boa música ou de obras de arte, lendo um bom livro, visitando um museu ou participando de uma conversa estimulante. Na presença das grandes criações da humanidade, você pode sentir seu espírito rejuvenescer.

Pode ser que você encontre a renovação nas ondas do mar, no ar fresco das montanhas, na presença envolvente das altas árvores da floresta, ou nas verdes colinas onduladas da campina. No imenso universo e nas maravilhas da natureza, você pode rejuvenescer seu espírito.

Seu Sabá é o tempo para chegar aos mais profundos recessos do seu ser, para entrar em contato com si mesmo, para reconectar corpo, mente e espírito com sua grandeza e seu potencial ilimitado.

Seu Sabá, bem vivido, pode lhe dar uma visão do seu eu mais alto, um relance daquilo que você pode se tornar.

Seu Sabá, bem vivido, pode significar que o alvorecer de cada dia se mistura à sua energia, seu poder e sua alegria.

Seu Sabá, bem vivido, significa que você pode voltar ao seu trabalho, à sua empresa, com força e compromisso renovados, com propósito e paixão renovados.

Para os proprietários e gerentes de empresas, os capitães de corporações, uma palavra especial: além de vocês e de suas famílias, façam com que seus funcionários aproveitem um dia semanal de descanso. Sua empresa irá se beneficiar com o descanso e o rejuvenescimento do seu pessoal.

Quando você e seu pessoal estão cansados, estressados e esgotados, ficam menos produtivos, mais propensos a cometer erros e menos apaixonados pelo trabalho.

Mas quando você e seu pessoal têm tempo para descansar – para restaurar o corpo e renovar o espírito –, esse entusiasmo volta, o trabalho pode se tornar mais centrado, novas ideias podem brotar e uma nova determinação pode se instalar.

Isso porque recreação é, na verdade, *re-criação*.

Quando eles – e você – descansam e rejuvenescem, você pode recriar a si mesmo e recuperar suas energias.

Quando eles – e você – retornam do seu dia de descanso para as tarefas, todos estão revigorados e refocalizados, prontos para os novos desafios que virão.

Quando você oferece tempo suficiente para o descanso e o rejuvenescimento, recebe o retorno do que deu, pois é recompensado com pessoas com habilidades renovadas e vontade de realizar suas tarefas, de dar o máximo de si.

Uma antiga fábula conta a história de um velho agricultor que estava perto de morrer. Ele chamou seus dois filhos e disse: "Meus filhos, estou deixando esta vida. Tudo que tenho para lhes deixar pode ser encontrado em meu vinhedo".

Depois de algumas horas, o agricultor morreu. Depois do período de luto, seus filhos foram cavar o vinhedo do pai, na crença de que ele lhes havia falado de um tesouro oculto a ser descoberto. Com suas pás e enxadas, eles reviraram repetidamente o solo do vinhedo.

É verdade que eles não encontraram nenhum tesouro, mas as videiras – fortalecidas pelo fato de a terra ter sido trabalhada – renderam uma safra melhor do que nunca, pagando várias vezes os esforços dos filhos do agricultor.

Seus *funcionários* são *seu* tesouro.

Quando você lhes dá aquilo de que necessitam – inclusive tempo para descansar e rejuvenescer –, eles devolverão com sobras seu investimento, ajudando-o a ganhar cada vez mais com sua empresa.

Se um dia semanal de descanso e rejuvenescimento pode gerar tantos benefícios para os trabalhadores e para a empresa, imagine se esse período for *diário*.

Você pode, várias vezes ao dia, reservar momentos para se afastar das pressões e tensões do trabalho para encontrar alívio e renovação.

Você pode fixar uma determinada hora do dia – ou dois ou três períodos de dez minutos – para qualquer coisa que o ajude a se conectar com seu eu interior e subir na direção do seu eu superior.

Pode usar qualquer forma ou técnica que funcione para você: talvez seja oração, ou meditação, talvez seja um exercício específico ou uma rotina de ioga, talvez sejam alguns minutos de leitura inspiradora, ou ouvir uma música calmante.

Seja lá como passar os minutos do seu "mini-Sabá", você poderá obter melhores resultados quando observá-los com regularidade e consistência – quando você observar seu Sabá "religiosamente".

Esse mini-Sabá diário poderá ajudá-lo a se manter focado e bem ancorado aos seus princípios e suas prioridades. Ao mesmo tempo, ele poderá lhe dar as asas de que precisa para voar até novas alturas de exploração e novos níveis de realização.

Esse mini-Sabá diário poderá ajudá-lo a lembrar e apreciar a sabedoria desta antiga oração sânscrita:

Olhe para este dia!
Pois ele é vida, a vida da vida.
Pois ontem já é um sonho,
E o amanhã é somente uma visão.
Mas o hoje bem vivido
Faz de todo ontem um sonho de felicidade,
E de todo amanhã uma visão de esperança.

Você pode encontrar, a cada vinte e quatro horas, os dez ou trinta minutos necessários à observação do seu mini-Sabá? Com tanto a ser ganho, você pode se dar ao luxo de não fazê-lo?

Uma antiga lenda diz que, se todas as pessoas observarem o Sabá duas semanas consecutivas, o mundo será transformado e melhorado.

Não se trata simplesmente de uma exigência de prática e observação, mas de uma declaração de atmosfera e ambiente.

Isso porque, se o espírito sabático de descanso de corpo e alma, de rejuvenescimento e renovação, de harmonia e tranquilidade, puder ser vivido por duas semanas consecutivas – e presumivelmente em todos os dias do período, pois como poderia esse estado de ânimo glorioso ser abalado? – então a perfeição mundial terá chegado.

Você pode imaginar o quanto você e seu pessoal ficarão mais felizes e satisfeitos quando observarem seu dia de descanso semana após semana?

Pode imaginar as incríveis realizações e o sucesso de sua empresa quando você e seu pessoal sustentarem seus sentimentos sabáticos todos os dias?

Um sonho impossível? Uma visão inconcebível?

Não se você se lembrar das palavras de Bobby Kennedy, que gostava de citar George Bernard Shaw: "Algumas pessoas veem as coisas como elas são e perguntam: 'Por quê?'. Eu sonho com coisas que nunca existiram e pergunto: 'Por que não?'".

Você é o sonho e o sonhador, a visão e o visionário.

Você é o portador da promessa do Sabá, assegurando crescimento e renovação.

Você é a força da mensagem do Sabá, envolvendo o mercado.

Você é o portador do espírito do Sabá, transformando o mundo dos negócios.

Enquanto você observar seus Sabás e transmitir sua majestade, que eles possam – segundo uma prece moderna – "dar propósito ao seu trabalho, significado à sua luta e direção aos seus esforços". Que seus Sabás "tragam paz ao seu coração e o fortaleçam para os dias e semanas que estão adiante".

Nono Mandamento

"ADQUIRA SABEDORIA"

Quando frequentava o curso médio, eu tinha uma grande professora de Inglês. Ela era jovem e bela (qualidades muito apreciadas por um adolescente) e era desafiadora, exigente e inspiradora (qualidades muito apreciadas, somente em retrospecto, pelo adolescente que hoje é um homem).

Todos sabiam que no passado ela saía com um belo jovem, pois ela nos contava de suas aventuras nos cinemas e teatros, patinando no gelo no inverno e fazendo longas caminhadas nas noites de verão.

Mas havia algo a respeito daquele jovem que era muito estranho e perturbava nossa professora.

Ele simplesmente desaparecia às quartas-feiras.

Todos os outros dias da semana ele estava disponível para um encontro, um jantar, um telefonema. Mas às quartas-feiras nunca era encontrado.

Ele nunca ia buscá-la depois da escola, nem marcava encontros para aquele noite, nem atendia o telefone.

Nossa professora começou a ficar preocupada: será que ele era casado? Saía com outra mulher? Jogava baralho com os amigos e perdia um monte de dinheiro? Estava envolvido em alguma atividade ilegal?

Por que ele nunca estava disponível às quartas-feiras?

Ela perguntava, mas ele se recusava a dizer. Ela o convidava para jantar na quarta-feira, mas ele não aparecia. Comprava ingressos para concertos e partidas de futebol, mas ele não ia. Por mais que ela insistisse, seu belo namorado simplesmente não revelava onde estava ou o que fazia às quartas-feiras.

Finalmente, exasperada – e um pouco assustada –, nossa professora deu um ultimato: "Ou você me conta onde está e o que faz toda quarta-feira, ou romperei nosso relacionamento".

Ele não queria perdê-la (pois não eram só os adolescentes que apreciavam sua beleza e seu charme), e, assim, com relutância e muito embaraço, explicou.

Ele era vendedor de uma marca nacional de vinho de mesa. Todos os dias ia de cliente em cliente – lojas, restaurantes e bares – vendendo seu vinho.

Nas quartas-feiras a empresa reunia toda a força de vendas para almoçar, fazer relatórios semanais de vendas e ouvir palestras motivacionais. O almoço era servido na sede da empresa e, é claro, sempre incluía copos de vinho – o produto vendido pela empresa.

Rodeado por todos os seus chefes e colegas vendedores, o rapaz era obrigado a almoçar e, certamente, beber o vinho que lhe era servido.

Porém, segundo ele, o vinho lhe fazia tanto mal que ele tinha que ir para casa e ficar na cama todas as tardes de quarta-feira.

A semana inteira aquele homem passava todas as suas horas de trabalho vendendo um vinho que ele elogiava como tendo bom sabor e alta qualidade. Mas, no dia da semana em que era forçado a beber seu próprio vinho, ele passava muito mal. Ele ganhava a vida vendendo um produto que o fazia vomitar!

Como devia ser triste para ele ir trabalhar todo dia para vender um produto que detestava, mentir em todas as visitas de vendas e saber que todas as suas horas de trabalho e seus esforços nada significavam além de um cheque no fim da semana.

Como ensina o velho axioma, o dinheiro é um poderoso motivador: "Outro dia, outro dólar".

É por isso que, todos os dias úteis, durante quarenta anos ou mais, você acorda, se veste e vai para seu trabalho, sua empresa, sua profissão. Você precisa ganhar a vida, prover suas necessidades e as da sua família – e também alguns dos luxos.

Mas dinheiro é suficiente?

Quando passa os dias da sua *vida inteira* trabalhando, você não quer algo além de um cheque?

Você não gostaria que seu trabalho fosse estimulante e significativo o suficiente para você estar ansioso por sair da cama todas as manhãs?

Você ouviu a história da mãe que entrou no quarto do filho para despertá-lo?

Ela disse: "É hora de levantar. Hora de se aprontar para a escola".

O filho puxou as cobertas para cima do rosto e disse: "Não vou à escola hoje".

A mãe perguntou: "Por que você não vai à escola? Está doente?".

"Não, não estou doente", respondeu o filho. "Mas não vou à escola."

"Se você não está doente, por que não vai à escola?"

"Não vou porque não gosto de lá. As crianças me odeiam, os professores me odeiam e não vou para lá nunca mais."

Tirando as cobertas, a mãe disse: "Não interessa se as crianças e os professores odeiam você. Você tem quarenta anos e é o diretor. Levante-se. Você vai à escola".

Você não gostaria que valesse a pena levantar-se para trabalhar? Não gostaria que seu trabalho lhe desse um senso permanente de felicidade e autoestima, de realização e satisfação?

Como fazer isso? Como encontrar e manter um trabalho que o remunere de forma justa e decente e seja, ao mesmo tempo, válido e importante para você?

A professora nossa contemporânea aconselha: "Faça aquilo que ama; o dinheiro virá a seguir". Você pode escolher um trabalho de que gosta e que lhe dá prazer. Pode escolher um trabalho importante, que lhe dá uma profunda satisfação pessoal. Pode escolher um trabalho que toca a vida das pessoas, que lhe dá a sensação de que está fazendo uma contribuição real para o mundo em que vive.

A boa notícia é que a satisfação que você busca pode ser encontrada em qualquer trabalho que escolher.

Em medicina pode haver a satisfação de curar e salvar vidas, e na coleta de lixo pode haver a satisfação de manter a comunidade limpa e sadia. Em controle de tráfego aéreo pode haver a satisfação de manter os céus seguros, e em atividades policiais pode haver a satisfação de manter as ruas seguras.

Em contabilidade pode haver a satisfação de equilibrar os números, na profissão de garçom pode haver a satisfação de alimentar pessoas famintas, em construção civil pode haver a satisfação de construir casas em que as famílias formam lares.

Em pesquisa pode haver a satisfação de descobrir mistérios, na profissão de ator pode haver a satisfação de provocar risos e lágrimas, na direção de um caminhão pode haver a satisfação de entregar os produtos pontualmente.

Em vendas pode haver a satisfação de dar às pessoas aquilo que elas querem, no ensino pode haver a satisfação de dividir aquilo que você sabe, no desenho de moda pode haver a satisfação de criar aquilo que você sonha.

Em cada trabalho, em cada empresa, em cada profissão – em *qualquer* coisa que você fizer – pode haver a satisfação e a felicidade que provêm de saber que o que você faz é importante e faz diferença na vida das pessoas por você atendidas.

Nem todos os momentos de trabalho serão divertidos. Sempre haverá problemas, frustrações e estresse.

Mas, se na média o bom superar o ruim, as realizações superarem os trabalhos penosos e a felicidade superar o incômodo, então seu trabalho pode merecer sua energia e seu empenho, ele pode ser válido.

Se no final da maior parte dos dias você puder dizer a si mesmo "aquilo que fiz hoje fez uma diferença, contribuiu e faz com que eu me sinta bem", então seu trabalho pode ter significado e sua vida profissional pode lhe trazer satisfação e alegria.

Mas o que acontece se seu trabalho é tedioso e monótono? O que acontece se você detesta se levantar toda manhã porque acha que seu trabalho é insignificante e sem importância? O que acontece se seu trabalho lhe traz pouca satisfação e não é algo que você quer fazer, mas *tem* de fazer porque precisa realmente do dinheiro?

O que acontece se você trabalha *apenas* para receber um cheque?

A resposta pode vir de um adesivo de para-choques visto recentemente em um caminhão de lixo: "Não ria. Uma filha em Berkeley, outra em Stanford. Papai precisa trabalhar".

O motorista-pai aceita seu papel com bom humor, porque a finalidade pela qual trabalha – ganhar dinheiro para pagar pela educação das filhas – é mais importante e compensadora do que qualquer aversão que ele possa ter pelo trabalho que faz.

E quem sabe? Um homem com o tipo de humor pouco convencional que faz um adesivo desses pode *adorar* dirigir seu caminhão ou aprendeu a tolerar seu trabalho – e passar dias felizes em seus roteiros prefixados, sabendo o resultado do seu trabalho.

No Ano Novo judaico – o feriado de Rosh Hashanah –, o principal ritual da cerimônia é o toque do chofar, feito de chifre de carneiro, o qual convoca as pessoas para recordação e arrependimento.

Um dia o rabino estava entrevistando candidatos para tocar o chofar na sinagoga no feriado. A cada um ele perguntava: "Em que você estará pensando quando tocar o chofar no dia santo?".

O primeiro homem disse: "Estarei pensando na glória de Deus".

O segundo homem disse: "Estarei pensando na enormidade do pecado".

O terceiro homem disse: "Estarei pensando no dinheiro que irei ganhar, pois meus filhos estão famintos e preciso comprar comida para eles".

Quem conseguiu o trabalho?

O homem que *precisava* dele, porque iria trazer mais sinceridade, mais paixão e o maior senso de urgência e de satisfação pessoal para sua santa tarefa.

Pode haver uma grande honra – e grande satisfação pessoal – em "um dia de trabalho honesto por um pagamento honesto", em aceitar com alegria responsabilidades e obrigações, em usar seu trabalho para satisfazer suas necessidades.

Ao admitir livremente que você trabalha não necessariamente porque *quer*, mas porque *precisa*, você tem duas opções: pode desanimar e tentar "ir levando", fazendo o mínimo possível para receber seu pagamento ou pode dar a si mesmo a oportunidade de conseguir grande significado e satisfação *pessoais* do seu trabalho.

Você pode trabalhar não para ter um reconhecimento, uma aprovação "exterior", mas para sua satisfação e sua recompensa "interior".

Você pode ter a satisfação de saber que faz o melhor trabalho que pode. Pode ter a integridade e a alegria de saber que emprega 100% da sua energia, capacidade e dedicação ao seu trabalho.

Se esfrega pisos, você pode ter os pisos mais limpos de todos. Se projeta motores de foguetes, pode ter os projetos mais meticulosos. Se abastece prateleiras, pode ter as exposições mais bem alinhadas. Se instala portas de carros em uma linha de montagem, você pode alinhá-las perfeitamente. Se gerencia carteiras milionárias de ações, você pode comprar e vender com total integridade. Se limpa casas, você pode ter as casas mais limpas da rua.

Se você faz parte de uma equipe de trabalho, pode contribuir com seu melhor trabalho, pois sabe que uma equipe é tão forte quanto seu membro mais fraco. Uma orquestra produz um som magnífico somente quando todos os instrumentos são tocados com precisão por todos os músicos. Um coro produz músicas belas somente quando todos os cantores cantam as notas em perfeita harmonia. Sua equipe, sua unidade ou divisão somente pode produzir e ter sucesso quando você dedica suas melhores habilidades e seu maior empenho.

Tudo depende de você ter certeza de que está fazendo o melhor que pode, pois, quando traz para seu trabalho seu melhor esforço, pode obter o máximo de satisfação.

Lembro de ter participado de uma competição entre escolas quando cursava o ensino médio. Eu observava corredores competindo em uma corrida de longa distância – várias voltas na pista. Enquanto eles corriam, um foi ficando cada vez mais para trás.

O vencedor cruzou a linha de chegada, todos os outros concluíram a corrida e o retardatário ainda corria pela pista.

Finalmente ele terminou, muito atrás de todos os outros, e correu imediatamente para onde estava seu treinador, que estava com um cronômetro. Ele olhou para o relógio e começou a pular e gritar de felicidade.

"Fiz meu melhor tempo pessoal!", gritava.

Apesar de ter acabado em último, muito atrás dos outros corredores, aquele jovem estava orgulhoso. Ele havia feito seu melhor tempo, atingido sua melhor marca.

Todos os exercícios, todo o suor, todos os músculos doloridos tinham valido a pena. Ele estava pessoalmente realizado e muito, muito feliz.

Qualquer coisa que você faz pode ser feita com excelência, com orgulho e com satisfação.

O destino da civilização pode não depender da qualidade do elástico na cintura das cuecas, mas a Inspetora Número 12 sente muito orgulho pessoal e grande satisfação interior quando diz: "Não é Hanes [marca de roupas íntimas] até que *eu* diga que é Hanes".

Albert Camus escreveu: "Em pleno inverno, finalmente aprendi que havia em mim um invencível verão".

Em você estão a felicidade e a alegria de um verão incrível. Em você – em seu coração e em sua alma – estão toda a satisfação, toda a importância, todo o significado de que irá precisar em seu trabalho. Como diz a canção popular: "Basta abrir seu coração e deixar o sol entrar".

O que faz você quando está relativamente satisfeito com seu emprego, quando o dinheiro é suficiente, mas as circunstâncias do seu negócio ou da economia pioram?

O que faz quando recebe o bilhete azul e lhe dizem que não há mais trabalho para você?

Há uma geração, a escolha de trabalho com frequência era uma decisão, um compromisso para toda a vida.

Mas as coisas mudaram.

A partir de meados dos anos 1970, quando os contratos na área de defesa foram modificados de forma significativa e o programa espacial norte-americano foi grandemente mudado, milhares de trabalhadores da indústria de defesa e de engenheiros aeroespaciais foram demitidos. No meio da carreira, esses homens e essas mulheres tiveram de encontrar não só novos empregos, mas também carreiras totalmente novas.

A partir do final dos anos 1980, a indústria automotiva fechou fábricas por todo o país. Trabalhadores em linhas de montagem, gerentes de nível médio e executivos de alto nível tiveram de procurar trabalho e adaptar suas qualificações a novos empreendimentos.

Até mesmo a gigante IBM, a avó de todas as empresas conhecidas por dar segurança de emprego aos seus funcionários, foi forçada a oferecer aposentadoria precoce a dezenas de milhares deles – alguns com mais de vinte anos de serviço e profunda lealdade à empresa. O que você faz se dedicou metade da sua vida de gerente de nível médio a uma empresa – onde você iniciou e esperava terminar sua carreira profissional – quando ela diz que não tem mais um lugar para você?

O antigo entusiasmo e a antiga alegria se foram. O velho senso de realização desapareceu.

Às vezes, nem mesmo o dinheiro é suficiente.

Você quer mais.

É nessa ocasião que você – por necessidade ou por opção – pode seguir seu sonho.

Hoje os trabalhadores, em sua maioria, trocam de emprego seis ou sete anos no decorrer da vida, e muitos mudam carreiras inteiras uma ou duas vezes.

Assim, você pode começar a se perguntar: o que realmente quero fazer? Como quero passar meus dias? Que tipo de trabalho me dará mais felicidade, mais satisfação, mais alegria?

Talvez você queira modificar seus planos e alterar seu caminho original, fazer suas próprias escolhas em vez de seguir decisões impostas pela empresa, optar pela escolha de um estilo de vida em vez do assim chamado avanço na carreira.

O personagem da televisão Bart Simpson usava uma camiseta com os dizeres: "Tenho desempenho inferior e me orgulho disso!".

Você não precisa ter desempenho fraco, mas também não precisa ter um desempenho superior.

"Quem é rico?", perguntou o sábio. "A pessoa que está feliz com sua própria parcela."

Há não muito tempo uma das únicas maneiras para melhorar sua carreira, subir na hierarquia da empresa, ganhar mais dinheiro, era pular de um cargo para outro – dois anos em uma tarefa, dezoito meses em outra, três anos em uma terceira –, o que costumava significar mudar com a família de uma cidade para outra, de uma casa para outra.

Hoje algumas pessoas estão começando a dizer: "Estou perfeitamente feliz com o emprego que tenho, as tarefas que executo. Gosto do meu trabalho. Gosto da comunidade em que vivo. Não quero levar minha família de um lugar para outro, meus filhos de uma escola para outra. Estou disposto a abrir mão de alguns títulos e de uma renda maior em troca de estabilidade e satisfação. Quero fazer bem meu trabalho – crescendo constantemente e evoluindo em capacidade e contribuição –, mas estou satisfeito onde estou, fazendo o que faço e realmente não quero mais nada".

Talvez esteja na hora de mudanças radicais na sua vida, de abrir mão daquilo que está fazendo para fazer o que você quer realmente fazer.

Conheço um advogado corporativo de muito sucesso que abriu mão do seu prestigioso escritório e de uma renda de seis algarismos para fazer cursos de fotografia e jornalismo. Hoje ele escreve e tira fotos para um jornal local por uma fração da sua renda anterior, mas com energia renovada e um largo sorriso na boca.

Por outro lado, conheço uma mulher que trabalhou como escriturária nos últimos quinze anos. Ela sonhava em ser advogada. Primeiro ela precisou terminar o curso médio, que ela havia deixado dez anos antes. Então ela precisou ser aceita por uma escola de Direito e fazer o curso noturno – porque ainda tinha de trabalhar todos os dias para sustentar a si mesma e ao seu filho. Hoje ela é uma feliz nova advogada e está se especializando em casos de compensação de trabalhadores. Conheço uma professora que se demitiu para ter aulas de atuação e um dono de loja de vestuário que hoje é carpinteiro. Conheço um pastor que hoje é corretor de imóveis e um corretor de valores que hoje conserta veleiros. Conheço um professor universitário que se tornou agente literário e um físico que hoje afina pianos.

Algumas pessoas estão seguindo os desejos de seus corações, deixando empregos nos quais trabalhavam para outras pessoas e abrindo seus próprios negócios. No antigo espírito empreendedor, essas pessoas estão dispostas a assumir os riscos para colher as recompensas em potencial – controlar seu próprio destino e moldar seu próprio futuro.

Outras estão abrindo negócios que incorporam determinada visão – um ponto de vista político ou uma consciência social. Chamados de "empreendedores sociais", esses novos proprietários criam empresas que refletem suas fortes convicções e suas sinceras crenças.

Seguindo os ditames de sua consciência, essas novas pessoas de negócios vendem roupas feitas somente de fibras naturais, ou abrem restaurantes exclusivamente vegetarianos, ou administram chácaras que cultivam somente verduras orgânicas livres de pesticidas, ou abrem centros de reciclagem, ou estabelecem empresas de pedidos por catálogo que vendem vitaminas ou produtos para cuidados com a saúde.

Para esses pioneiros dos negócios, o mercado transformou-se em um reflexo dos seus valores éticos, um lugar onde o mundo dos negócios e o mundo dos seus espíritos podem coexistir sem problemas.

Qualquer que seja seu sonho e para onde quer que ele o leve, você pode *vivê-lo*.

A única coisa que está detendo você é a ladainha de "SEs" que está na sua cabeça: "*Se* eu tivesse poupado dinheiro suficiente para aproveitar esta chance", "*Se* eu tivesse a formação escolar", "*Se* a hipoteca estivesse paga", "*Se* eu fosse casado/solteiro/tivesse um relacionamento/não estivesse neste relacionamento", "*Se* a mensalidade da faculdade do meu filho não fosse tão alta", "*Se* eu tivesse investido mais dinheiro no plano de pensão da empresa", "*Se* eu tivesse mais tempo", "*Se* eu tivesse mais coragem", "*Se* eu... *se* eu... *se* eu...".

O Rabino Bunam (lembra-se dele?) costumava contar a história do Rabino Eisik, filho do Rabino Yekel, de Cracóvia.

Depois de muitos anos de grande pobreza, o Rabino Eisik sonhou que deveria ir a Praga em busca de um tesouro que estava sob a ponte que conduzia ao palácio do rei. Depois de ter o mesmo sonho noite após noite, o Rabino Eisik partiu para Praga para descobrir seu tesouro.

Mas, quando lá chegou, ele viu que a ponte era vigiada dia e noite. Ele não poderia cavar em busca do seu tesouro, pois seria descoberto. Mesmo assim, ele ia até a ponte todas as manhãs e ficava andando pelas proximidades até a noite.

Finalmente, o capitão dos guardas perguntou-lhe, de forma muito educada, se ele estava em busca de alguma coisa ou esperava por alguém.

O rabino contou sua história – que havia vindo de Cracóvia movido pelo seu sonho para procurar seu tesouro embaixo da ponte.

O capitão riu e disse: "Ah, pobre sujeito. Por causa de um sonho, você gastou as solas dos sapatos para vir até aqui. Quanto à fé em sonhos, se eu a tivesse, eu poderia seguir meu sonho – que tenho todas as noites – e ir até Cracóvia em busca do meu tesouro embaixo do fogão do judeu Eisik, filho de Yekel. Mas imagino que isso seria impossível, pois metade dos judeus se chama Eisik e a outra metade Yekel". E riu novamente.

O Rabino Eisik despediu-se do capitão, voltou para casa e encontrou seu tesouro embaixo do seu próprio fogão.

Seu tesouro não está distante; seu sonho está longe de ser impossível.

Seu tesouro está exatamente onde você está; ele está em você. Seu sonho está em você. E você *pode* seguir seu sonho até um novo significado, uma nova satisfação e uma nova felicidade no seu trabalho e na sua vida.

Buscar significado e valor no trabalho não é necessariamente uma tarefa isolada.

Chefes, empresas e corporações podem ajudar muito seus funcionários na descoberta e promoção de satisfação pessoal no trabalho.

Tom Peters e Robert Waterman, cronistas da excelência empresarial contemporânea, em seu livro *In Search of Excellence* [Em busca da excelência], destacam uma série de empresas que criam um clima corporativo que encoraja e recompensa a inovação, a iniciativa e o crescimento pessoal.

Nos últimos anos, algumas das melhores ideias de produtos não vieram pelos canais normais de pesquisa e desenvolvimento, mas de pequenos grupos de pessoas que dispõem de tempo, espaço e oportunidades para perseguir suas ideias e seguir seus instintos.

Quando você dá aos seus funcionários a liberdade para usarem a imaginação e criar, sua empresa se beneficia não só com os produtos resultantes, mas também com a presença de trabalhadores felizes e satisfeitos que se orgulham de suas realizações e são valorizados por suas contribuições.

Para criar um local de trabalho que encoraje a satisfação pessoal e alimente a necessidade de um trabalho com significado, algumas empresas estabelecem grupos de afinidade, baseados no modelo japonês de criar uma atmosfera familiar no cenário dos negócios – um grupo de trabalhadores que se esforçam no sentido de uma meta comum.

Embora haja muitos benefícios – e sucessos – em grupos que desenvolvem um senso de participação, responsabilidade e realizações mútuas, é preciso lembrar que a cultura americana, de liberdade pessoal centrada na família, difere da cultura japonesa de lealdade baseada na empresa.

Quando um trabalhador começa a sentir-se cada vez mais próximo dos seus parceiros de equipe no trabalho, sua mulher e seus filhos, que ficam nos subúrbios, começam a sentir-se cada vez mais alienados de marido e pai. Os benefícios ganhos no trabalho podem ser anulados pelos problemas criados em casa.

Na busca de maneiras para promover significado e satisfação no local de trabalho, sua empresa poderá ter mais sucesso se você adaptar seus programas a necessidades e atitudes específicas dos seus funcionários.

Algumas empresas encorajam a satisfação dos funcionários por meio de programas de aconselhamento.

Um antigo sábio aconselhava: "Consiga um professor para você".

Sempre há mais para aprender, sabedoria antiga para explorar, experiência da qual se beneficiar, percepções sábias a ganhar.

Não importa se você é iniciante ou veterano, se é o chefe ou o proprietário. Sempre há algo de novo para aprender, novos critérios a adquirir.

Você pode se beneficiar com toda a sabedoria acumulada do passado. Pode conhecer os novos avanços em andamento, as novas técnicas que estão sendo aperfeiçoadas.

Sua empresa pode oferecer a cada funcionário um professor que é, ao mesmo tempo, mentor e guia.

Como modelo, você pode usar a profissão de assistente social, na qual todo profissional, por mais qualificado que seja, sempre tem um supervisor como guia e professor.

O supervisor provê *super visão*, vendo o "grande quadro", facilitando processos e ajudando na articulação de metas.

E o supervisor com *super visão* é uma caixa de ressonância, um espelho, que pode refletir seus pensamentos e suas ideias e ajudá-lo a ver a si mesmo. Com uma olhada no espelho de *super visão*, não só seu trabalho pode crescer através de você, mas também você pode crescer por meio dele.

Oferecendo oportunidades para o aprendizado continuado, sua empresa pode demonstrar de forma vívida seu compromisso com o crescimento pessoal dos seus funcionários.

Além do uso de mentores internos, sua empresa pode apoiar o crescimento pessoal por meio da educação continuada, oferecendo aos funcionários oportunidades para educação formal.

Algumas empresas oferecem tempo e recursos financeiros para que seus funcionários frequentem uma faculdade. Outras pagam os custos para que funcionários frequentem cursos avançados em suas especialidades.

Algumas empresas incentivam e financiam a participação do funcionário em cursos em áreas não relacionadas ao trabalho deles –

para enriquecimento e crescimento pessoal. Um cientista faz cursos de avaliação musical; um contador faz um curso de filosofia; um vendedor faz um curso de literatura comparada; um CEO faz um curso de física aplicada; um trabalhador em linha de montagem faz um curso de história da arte.

A oportunidade de aumentar os conhecimentos e expandir os horizontes ajuda a contribuir para o crescimento, a autoestima e a felicidade do seu pessoal.

Algumas empresas têm programas para aprendizado e crescimento como parte do dia de trabalho.

Quando ganhou o Prêmio Pulitzer por jornalismo político investigativo em um jornal do meio-oeste, perguntaram ao repórter: "Em que novo projeto você gostaria de trabalhar agora?". Ele respondeu: "Sempre gostei de beisebol. Gostaria de cobrir nossa equipe nesta temporada". Assim, pelos seis meses seguintes, aquele jornalista político de fama internacional escreveu uma coluna de esportes.

Uma excelente representante de vendas de um fabricante de vestuário pediu um estágio de três meses no departamento de *marketing* da empresa. Depois de pouco tempo, ela está a caminho de se tornar uma profissional de *marketing* altamente criativa.

Em outra empresa, um vice-presidente para desenvolvimento de produtos pediu para ser transferido de volta ao seu antigo laboratório por algum tempo. Depois de voltar às origens e realizar pesquisa científica pura por alguns meses, ele retornou à sua função de executivo renovado e disposto a enfrentar novos desafios.

Quando você tem visão e coragem para sacudir um pouco a hierarquia corporativa, para tentar o que não foi tentado, para deixar que seus funcionários testem suas habilidades e façam experimentos com suas próprias carreiras, você pode ter pessoas mais felizes e realizadas e, muito provavelmente, sua empresa irá se beneficiar com as novas capacidades e os novos talentos que elas irão descobrir em si mesmas.

Você pode oferecer ao seu pessoal oportunidades ainda mais amplas para que eles aprimorem suas qualificações e ampliem seus mundos.

Algumas empresas oferecem aos funcionários licenças remuneradas prolongadas para que eles aprendam, viajem, prestem serviços, cresçam. Se essas licenças são boas para acadêmicos e para o clero, são boas para as empresas. O tempo e o apoio para perseguir projetos pessoais se pagam muitas vezes por funcionários que voltam às suas empresas inspirados e com as energias renovadas.

Outras empresas pagam salários e benefícios integrais aos funcionários licenciados. Algumas seguem o modelo oferecido aos funcionários federais pelo governo canadense. Em vez de receber sua renda integral todos os anos, o funcionário recebe 80%. No quinto ano do programa, ele recebe um ano inteiro de licença, com 80% do salário. Mesmo que o salário do quinto ano seja seu próprio dinheiro – ganho, mas adiado ao longo dos quatro anos anteriores –, a disponibilidade desse programa encoraja muitos funcionários a aproveitar a experiência para o aprimoramento de suas vidas.

Esse programa canadense pode servir como um exemplo notável de cooperação entre empresas e seus funcionários, que pode ser altamente benéfica para ambos.

Algumas empresas estruturam esses períodos de licença ajudando os funcionários a encontrar maneiras desafiantes, estimulantes e gratificantes de servir suas comunidades. Assim, por exemplo, o diretor do departamento de relações públicas de uma grande empresa está passando este ano ensinando comunicações para os novos alunos de uma faculdade local. O funcionário é enriquecido por esse ano de ensino, os alunos aprendem com um profissional experimentado, e a empresa, a escola e a comunidade formaram uma parceria benéfica para todos.

Todos vencem.

Para fazer o melhor uso possível de cada um dos seus funcionários, muitas empresas têm designado representantes para promover comunicações abertas, permanentes e francas entre os trabalhadores e a gerência.

Com títulos como vice-presidente de recursos humanos ou *ombudsman* da ligação empresa-funcionário, esses representantes são os elos entre a empresa e seu pessoal.

Com muita frequência, as revisões de desempenho tradicionais são potencialmente confrontadoras e antagônicas. Um funcionário pode ter medo de dizer toda a verdade, por medo de intimidação ou da repercussão. O avaliador pode não querer contar toda a verdade por medo de ferir sentimentos, aumentar a tensão ou criar má vontade. Todos podem ser cautelosos a respeito de contar toda a verdade devido aos aspectos legais que regem as relações empregador-empregado e às consequências da sua violação.

Contudo, grandes ideias podem não ser faladas, grandes talentos podem ser desperdiçados, grandes frustrações podem estar crescendo, quando sentimentos e necessidades não são expressos de forma livre e honesta.

Assim, o elemento de ligação com a empresa, que deve conquistar a confiança do empregador e dos empregados – o que não é tarefa fácil –, torna-se o defensor do empregado perante a empresa e da empresa perante os empregados.

Uma empregada que acha que seus talentos estão sendo desperdiçados porque sabe que pode realizar tarefas muito mais complexas tem um lugar para falar e ser ouvida. Um empregado que pensa que seu supervisor está sufocando sua criatividade também tem onde falar e ser ouvido. Uma empregada que sente que suas sugestões estão sendo deixadas de lado de forma impensada tem onde falar e ser ouvida.

O maior recurso de uma empresa é seu pessoal.

Quando as pessoas são ouvidas, quando talentos e qualificações estão sendo utilizados da melhor maneira, quando cada indivíduo é respeitado e valorizado, a frustração e a tensão caem, e a felicidade, a satisfação, a produtividade e os lucros sobem.

Essas – e centenas de outras estratégias que estão sendo estabelecidas e implantadas nas empresas em todo o mundo dos negócios – podem ser interpretadas como um sinal da crescente parceria entre trabalhadores em busca de significado e satisfação em seu trabalho e as empresas que desejam trabalhadores felizes, satisfeitos e produtivos.

O melhor interesse de todos pode ser mais bem atendido quando existe unidade de propósito, quando as necessidades pessoais se unem às metas profissionais.

Em *In Search of Excellence*, Peters e Waterman falam da empresa Foxboro, na qual, no início das atividades, determinado avanço técnico era desesperadamente necessário. Um dia, um cientista entrou correndo na sala do presidente com um protótipo que funcionava.

O presidente ficou muito contente com a descoberta e quis oferecer um sinal imediato e tangível de gratidão. Procurando em sua mesa, ele pegou a única coisa que tinha para dar – a sobremesa do seu almoço, uma banana. Ele estendeu-a espontaneamente ao cientista e disse: "Aqui está. Leve uma banana".

Daquele dia em diante, a "Banana de Ouro", que hoje é um emblema de lapela, é uma das mais altas honrarias para reconhecimento da criatividade e da renovação oferecidas pela empresa.

Cem vezes por dia – literal e figurativamente –, você tem a oportunidade de oferecer ao seu pessoal uma "banana de ouro" – um reconhecimento de excelência e de realizações.

Você pode criar um local de trabalho que apoie o crescimento e ajude a construir caminhos no sentido da felicidade e satisfação pessoais, que encoraje seu pessoal a encontrar valor em suas tarefas e significado e realização em seu trabalho.

Você pode criar um local de trabalho que respeite seus funcionários e honre seus sonhos, que respeite seu caráter único e recompense suas contribuições.

Em um restaurante de subúrbio, a garçonete recebia todos os clientes com uma saudação calorosa e um largo sorriso.

Ela conhecia seus clientes e, quando uma das famílias "habituais" entrava, ela punha café descafeinado para a mãe, suco de laranja para o pai, um refrigerante *diet* e um *milk-shake* de chocolate para os filhos. Ela conhecia suas preferências e trazia as bebidas antes mesmo que eles se sentassem.

Por mais ocupada que estivesse, ela sempre tinha tempo para uma conversa rápida – perguntando como as crianças estavam indo na escola, recordando ocasiões familiares especiais, expressando interesse pelas atividades da família.

Suas mesas estavam sempre cheias, porque as pessoas voltavam para serem servidas por aquela garçonete amigável e extraordinariamente competente.

Um dia, um cliente antigo disse a ela: "O trabalho de garçonete é duro. Contudo, você sempre parece tão amigável e feliz. Como consegue isso? Como acha tempo e energia para se lembrar de todos os clientes, saber o que eles querem comer e beber e passar um momento especial com cada um deles?".

Ela respondeu: "Tem razão. Ser garçonete é um trabalho duro. Assim, em vez de deixar que isso me afete e de sentir pena de mim mesma, venho para o trabalho todos os dias e espero minha família chegar. Considero todos vocês parte de minha família e fico muito feliz em vê-los quando vêm me visitar".

Não seria incrível se todos os seus funcionários considerassem o ato de ir trabalhar uma visita agradável à sua família? Não seria incrível se cada um deles sentisse alegria e felicidade em ir trabalhar todos os dias? Não seria incrível se você pudesse criar um ambiente favorável, em que cada um dos seus funcionários se sentisse satisfeito e contente?

O "incrível" pode se tornar realidade quando você compreender este provérbio chinês: "Quando você planta para um ano, plante grama. Quando planta para dez anos, plante árvores. Quando planta para séculos, plante pessoas".

O educador Steven Helfgot dá conselhos a estudantes dos cursos médio e superior a respeito de opções de carreira.

Ele pergunta: "O que você quer ser?".

Os estudantes respondem: "Quero ser médico. Quero ser programador de computador. Quero ser secretária. Quero ser engenheiro. Quero ser professor".

Helfgot lhes diz que estão dando respostas *certas* para a pergunta *errada*. Eles estão respondendo à pergunta "o que você quer *fazer*?".

Trabalho não é *quem você é*.

Trabalho é *o que você faz*.

É por isso que nunca digo "Sou rabino", ou "sou professor", ou "sou escritor". Eu digo: "Prego a doutrina judaica. Leciono. Escrevo".

Helfgot alerta contra ser apanhado na crença de que aquilo que você faz é o que você é, pois você sempre pode perder o emprego, mas – se você mantiver as coisas na perspectiva certa – nunca irá se perder de si mesmo.

Contudo, o que você faz é um ingrediente vital na fórmula da existência humana, um componente essencial do seu ser.

Por meio do seu trabalho, você pode achar significado e valor na sua vida, pode crescer e evoluir, sentir satisfação pessoal e experimentar uma profunda felicidade com aquilo que realiza.

Pode realizar suas ambições mais nobres e sustentar seus maiores sonhos, tocar o que há de melhor em você mesmo.

Ainda, você poderá entender o bom conselho do escritor moderno Leo Rosten, que diz: "O propósito da vida é ter importância, ser produtivo, ser útil, para que faça diferença o fato de você ter vivido".

E, por meio do seu trabalho, você pode tornar seu este antigo pedido: "Ensine-me a prestar contas de meus dias para que eu adquira um coração de sabedoria".

Décimo Mandamento

"SAIBA DIANTE DE QUEM VOCÊ ESTÁ"

Quando Lyndon Johnson foi presidente dos Estados Unidos, um de seus assessores era Bill Moyers, hoje famoso devido à televisão, era, então, um consultor político e, originalmente, pastor batista.

Certo dia, em um almoço na Casa Branca, Johnson pediu que Moyers fizesse a oração antes da refeição.

Moyers iniciou sua prece, mas Johnson, que estava sentado na outra extremidade da mesa e não conseguia ouvi-lo, gritou: "Fale alto, Bill. Não consigo ouvir você".

E Moyers respondeu: "Presidente, eu não estava falando com o senhor".

Quem é seu chefe? A quem você responde? Quem tem o poder? Quem toma as decisões finais? Quem detém a autoridade máxima?

É seu cliente, que faz pedidos a você? É seu supervisor, que dá suas atribuições? É o patrão, que assina seus cheques de pagamento?

É o conselho de administração, que deve ratificar suas decisões? São os acionistas, que devem aprovar seu plano? É você, que detém toda a responsabilidade?

Não importa quem possa ser, nem que pessoa parece controlar seu destino, existe algo que é seu verdadeiro chefe, que molda seu trabalho e sua conduta.

Existe algo além de você, maior que você, que define e dá forma a você, que define seus padrões de certo e errado, que exige bondade e o chama para a grandeza.

Algumas pessoas chamam isso de intuição. Outras, de sentimento visceral, força interior ou espírito mais alto.

Algumas chamam de Deus.

Não importa do que você o chama, ele está sempre presente, convocando-o para seguir suas ordens.

E você sempre está na presença dele, que o força a saber diante de quem você está.

Quando você sabe diante de quem está, pode saber quem você é.

Há pouco tempo, eu estava no aeroporto à espera de um voo. De repente, um policial abordou uma mulher que estava com uma menina de quatro ou cinco anos, à espera do mesmo voo.

O policial disse: "Sei que isto vai parecer estranho, mas uma menina de quatro anos e meio desapareceu. A descrição dada pelos pais dela é semelhante à desta garota – cabelos loiros cacheados, olhos azuis, vestido vermelho e sapatos pretos. Não quero alarmá-la, mas preciso lhe fazer algumas perguntas para provar que esta garota é de fato sua e não aquela que desapareceu".

Que situação!

A mulher tinha que provar que a menina era de fato sua filha.

O policial perguntou o nome da mulher, seu endereço, cidade natal e o nome do marido. A seguir, ele perguntou à garotinha: "Qual é o seu nome?".

"Mary", respondeu ela.

"E seu sobrenome?"

Silêncio.

"Bem, onde você mora?"

"Em casa."

"Você sabe o nome da sua cidade?"

"Não."

"Qual é o nome do seu pai?", perguntou ele.

"Papai."

"O que ele faz?"

"Ele vai trabalhar."

Como não estava chegando a lugar algum com a garota, o policial voltou-se para a mãe: "Você tem fotos da sua filha na carteira? Ou do seu marido, que sua filha possa reconhecer?".

"Não", disse ela. "Não carrego fotos."

"Bem, e quanto às suas passagens? Deixe-me vê-las."

"Estamos na lista de espera", disse ela. "Ainda não temos as passagens."

O que você faria? Como provaria que sua filha é de fato sua filha? Como provaria que a menina que está com você não é a filha de outra pessoa que você sequestrou?

Assustador, não é?

Finalmente o policial deve ter se dado por satisfeito, porque se desculpou pela intrusão e foi embora.

Se ele tivesse conseguido ouvir o diálogo imediatamente posterior à sua partida, não teria havido problema algum.

"Mamãe, mamãe", gritou a garotinha. "O que aquele homem queria conosco?"

Mas o incidente me fez pensar. Como eu teria identificado meus filhos (há muitos anos, é claro) se estivesse na mesma situação? O que teríamos feito para provar que éramos pai e filhos?

Se eu tivesse tido presença de espírito para pensar com clareza naquele momento assustador, a resposta teria sido fácil. Eu teria dito "Scott, conte ao policial o que dizemos antes das refeições".

E Scott teria dito – primeiro em hebraico, depois em inglês – "Louvado seja o Senhor nosso Deus, que gera pão da terra".

E a seguir eu teria dito: "Seth, conte a este policial o que dizemos antes de ir para a cama à noite".

E Seth teria dito – em hebraico e em inglês – "Ouvi, oh Israel, o Senhor é nosso Deus, o Senhor é único".

E o policial teria sabido que aqueles filhos eram meus.

Quando sabe diante de quem está, você conhece sua identidade e seus propósitos, seus valores e seus compromissos. Quando sabe diante de quem está, você pode ser guiado para dar o melhor de si.

Recentemente, em uma partida de beisebol, ouvi um jovem gritar para seu jogador favorito, o grande Dave Winfield.

Eu esperava que ele gritasse "Faça um *home run*, Dave", ou, no mínimo, "Acerte a bola, Dave".

Mas em vez disso, aquele jovem – bem treinado na arte do possível – gritou: "Faça o melhor que puder, Dave. Faça o melhor".

O antigo sábio Zusya disse certa vez: "Se no próximo mundo me perguntarem: 'Por que você não é tão devoto quando Abraão, tão fiel quanto Moisés, tão sábio quanto o Rei Salomão?' eu saberei o que dizer. Mas se me perguntarem: 'Por que você não é o melhor Zusya?', nada terei a dizer".

Quando sabe diante de quem está – no escuro da noite ou diante de um espelho você sabe se fez ou não o melhor possível.

Quando sabe diante de quem está, você pode ser guiado para fazer o correto.

Quando você sabe diante de quem está, cada contato e cada contrato, cada negociação e cada acordo pode resistir ao escrutínio do olho que tudo vê, que é sua consciência ou seu Deus.

Pode ser difícil e desconcertante fazer certo, fazer o bem – aceitar um mandato moral e viver de acordo com um padrão estabelecido de comportamento ético – quando definições, circunstâncias e situações parecem mudar constantemente e estar sujeitas a interpretações pessoais.

Contudo, como ensinou o místico moderno Abraham Joshua Heschel: "A compreensão pelo homem *do que* é certo e errado tem variado muito através dos tempos; porém, a consciência de que *existe* uma distinção entre certo e errado é permanente e universal".

E a tecnologia moderna ofereceu convenientemente uma régua pela qual você pode determinar se está ou não conduzindo sua empresa de forma aceitável e ética.

Você pode se perguntar: "Como irei me sentir se meus acordos de hoje se tornarem as manchetes dos jornais de amanhã?".

Você pode se perguntar: "Como irei me sentir se meus acordos de hoje forem gravados secretamente por uma câmera de vídeo oculta e aparecerem nos noticiários da televisão para que todos vejam?".

Você agiu de uma forma que irá causar embaraços?

O grande autor norte-americano Mark Twain observou que "O homem é o único animal que ruboriza – ou precisa fazê-lo".

Você agiu de forma a ficar orgulhoso quando seus vizinhos, sua mãe e seus filhos souberem?

Será que os homens de Wall Street que usaram informações privilegiadas em proveito próprio teriam agido de outra forma se soubessem que seus rostos estariam nas capas das revistas nacionais de notícias?

Os responsáveis pelos acordos de tomada de controle de empresas ou os negociadores de contratos entre sindicatos e empresas teriam outro comportamento se soubessem que suas negociações iriam se tornar assunto de livros?

Os policiais de Los Angeles teriam tratado Rodney King de forma diferente se soubessem que seus atos estavam sendo gravados para o noticiário internacional?

Você conduz sua empresa – a maneira pela qual trata seu pessoal, pela qual negocia, pela qual fecha seus acordos ou conta seu dinheiro – como se tudo que faz estivesse aberto ao exame do público?

Você faz o que é bom? Faz o que é certo?

Você vai um passo mais longe? Adota o ensinamento do filósofo moderno que não se importava com manchetes de jornais ou videos e ensinava: "Sou honesto porque quero ser honesto comigo mesmo, não porque você – ou qualquer outra pessoa – existe"?

Você tem somente uma vida para viver. Vai vivê-la com um medo infindável de ser descoberto por suas más ações, olhando continuamente por cima do ombro, assombrado constantemente quando dorme?

Você irá chegar ao fim de sua vida, àquele momento íntimo de julgamento pessoal, e será forçado a dizer, com arrependimento: "Fracassei"?

Ou será capaz de viver sua vida de forma aberta e honesta, à vista do público, convicto em sua integridade e fiel à sua confiança? Será capaz de moldar a qualidade e o caráter da sua vida pela bondade e pela verdade?

Quando você sabe diante de quem está – nos lugares em que desculpas e racionalizações dão lugar à sua honestidade absoluta, e no lugar em que você se vê com total sinceridade –, você sabe se agiu bem ou não.

Quando sabe diante de quem está, você sabe que nunca está só.

Quando o pai do santo Baal Shem Tov – o fundador do movimento hassídico do judaísmo – estava para morrer, tomou seu jovem filho nos braços e disse: "Minha hora chegou e não me foi permitido educá-lo até a idade adulta. Mas, meu precioso filho, lembre-se todos os dias de que seu Deus está com você, à sua volta e perto de você sempre que apelar para ele. E, por isso, você não precisa temer nada neste mundo".

Não importa o quanto você seja sábio e talentoso, nem quanto é experimentado ou confiante, seu emprego e seu negócio irão colocá-lo em situações difíceis de lidar, problemas difíceis de resolver, decisões difíceis de tomar, crises que exigem solução imediata – e normalmente muito criativas.

Às vezes, parece que todas as cargas e responsabilidades caem sobre você e somente você. As tarefas parecem esmagadoras e as pressões quase insuportáveis.

Mas você nunca está só.

Quando sabe diante de quem está, você pode enfrentar qualquer desafio, qualquer medo e superar qualquer obstáculo, porque a coragem, a força e a ajuda de que necessita, não simplesmente para resistir, mas para vencer, estão sempre com você.

Quando sabe diante de quem está, você pode saber que traz dentro de si uma centelha do Divino.

Há muito tempo, quando o Templo Sagrado ainda estava em pé em Jerusalém, um homem foi até o sumossacerdote.

Ele disse: "Eu gostaria de entrar no Santo dos Santos, o lugar mais sagrado de todo o Templo. Gostaria de conhecer Deus".

O sumossacerdote disse: "Sinto muito, mas somente eu – o sumossacerdote – posso entrar no Santo dos Santos. Este papel temível veio a mim não pelo meu próprio mérito, mas por herança. O cargo de sumossacerdote pertenceu no passado ao meu pai. Hoje ele é meu e um dia meu filho irá herdá-lo de mim.

Entendo seu grande desejo de entrar no Santo dos Santos, mas é simplesmente impossível".

Mas o homem era persistente. Vezes e vezes ele pediu, vezes e vezes ele implorou.

Finalmente, o sumossacerdote – mais para livrar-se do homem do que por qualquer outra coisa – disse: "Está bem, vou providenciar para que você possa entrar no Santo dos Santos. Mas antes você precisa provar sua sinceridade. Pelos próximos *vinte* anos, irá trabalhar no Templo. Irá varrer os pisos e levar o lixo para fora, assistir os sacerdotes com seus deveres e fazer tudo aquilo que lhe mandarem. Assim você irá provar seu valor e merecer sua visita ao Santo dos Santos".

É claro que o sacerdote pensava que logo o homem iria se cansar dos seus deveres. Mas, para sua surpresa – e crescente preocupação –, ano após ano, o homem executava fielmente todas as suas tarefas.

Vinte anos se passaram e o homem foi até o sumossacerdote. Ele disse: "Fiz tudo aquilo que você exigiu. Trabalhei para você e os outros sacerdotes com amor e devoção durante todos esses anos. Chegou a hora. Estou pronto para entrar no Santo dos Santos".

O sumossacerdote não tinha escolha. Ele precisava manter sua palavra e cumprir sua promessa. Ele disse ao homem: "Reze e jejue nos próximos três dias em preparação para entrar no Santo dos Santos. Então você irá entrar no lugar santo para ver seu Deus".

No final dos três dias, o sumossacerdote vestiu o homem com as melhores roupas brancas. Conduziu-o até a porta do sagrado santuário e disse: "Abra esta porta e passe por ela. No outro lado, você irá entrar no Santo dos Santos, o lugar em que irá conhecer seu Deus".

O homem abriu a porta, passou por ela e viu-se do lado de fora, nas ruas de Jerusalém.

Ele ficou parado entre as pessoas que cuidavam de suas tarefas de todos os dias – vendendo no mercado ao ar livre e apressando-se para fazer seu trabalho. Viu famílias reunidas em torno de mesas dividindo uma refeição e viu crianças aprendendo em suas escolas.

E o homem compreendeu como o sumossacerdote havia sido sábio. Seu Deus não estava em nenhum lugar, separado do seu povo. Ele estava no meio das pessoas e fazia parte da vida delas. Estava em todas as partes em que as pessoas deixavam-No entrar.

Você pode relegar sua consciência ou seu Deus à igreja, sinagoga ou mesquita, centro de meditação ou topo de montanha. Pode decidir que sua consciência ou seu Deus não tem lugar no seu escritório, na sua fábrica ou na sala de reuniões. Você pode conduzir seus negócios sem se preocupar com direção ou orientação além daquela que prevalece no momento.

Ou você pode convidar sua consciência, ou seu Deus, para fazer parte de toda a sua vida, inspirando cada momento, cada palavra e cada tarefa com as centelhas santas de encontro e instrução.

Quando sabe diante de quem está, você pode sentir o espírito Divino – à sua volta e dentro de você. Pode saber que está diante do seu Deus e que Ele está ao seu lado.

Quando você sabe diante de quem está – quando a "pequena voz silenciosa" da sua consciência ou do seu Deus fala de modo gentil, mas insistente, à sua alma –, sua vida pessoal pode ser mais rica e plena, seu local de trabalho mais aberto e honesto, e suas negociações profissionais podem ser conduzidas com integridade, dignidade e verdade.

Quando sabe diante de quem está, você também pode fazer a pergunta feita por Abraham Joshua Heschel: "Qual é o significado do meu ser?".

E, como Heschel, você pode responder: "Minha busca não é por conhecimento teórico a meu respeito. O que busco é como viver uma vida que mereça e evoque um eterno 'Amém'".

A *Palavra pela qual Viver* da Bíblia dos Negócios

~

Estes Dez Mandamentos para a criação de um local de trabalho ético lhe oferecem a base e a fórmula para trazer significado e valor, valores e ética para seu trabalho, sua empresa, sua profissão.

Por sua abrangência, sua grande profundidade e sua relevância prática, estes Mandamentos podem ser resumidos em uma *única* palavra. Assim, lembre-se:

A *PALAVRA PELA QUAL VIVER*
da Bíblia dos Negócios

E *Em toda parte*
T Todo o *Tempo*
I Aja com *Integridade*
C Tenha *Compaixão*
A Aquilo que está *Apostando* é
Sua Reputação,
Sua Autoestima,
Sua Paz Interior.

E Digamos...

Quando você segue estes Dez Mandamentos, pode trazer significado e valor, valores e ética ao seu trabalho e ao seu local de trabalho.

Pode trazer honestidade e confiança a todas as suas negociações, decência e dignidade a todos os seus relacionamentos.

Você não só pode fazer *bem*, mas pode fazer *o bem*.

A capacidade – ou o desejo – de fazer opções de ordem ética não nasce com você.

Anos atrás, um blecaute elétrico atingiu Nova York.

Para ajudar a reduzir a confusão e o congestionamento, um jovem permaneceu em um cruzamento por mais de seis horas, dirigindo o tráfego com uma pequena lanterna.

A caminho de casa, ele usou a lanterna para quebrar a vitrine de uma loja e furtar seu conteúdo.

As paixões contraditórias de egoísmo e altruísmo, de bondade e ganância estão o tempo todo dentro de nós.

Mas você pode *aprender* a fazer o bem.

Nas palavras da Bíblia: "Estes mandamentos... não muito difíceis para você...".

O legislativo da Califórnia exige um mínimo de seis horas anuais de treinamento em ética para todos os seus membros e assessores.

O estado do Texas tem um conselheiro especial sobre ética para o governador.

Muitas empresas estão começando a realizar seminários para ensinar tomada de decisões éticas.

Quando existe a consciência de que há uma maneira proativa para tomar decisões éticas, essa percepção começa a permear a empresa e a afetar todas as suas negociações.

Toda pessoa que se torna sensível a fazer opções éticas no trabalho torna-se um professor e modelo de ética e valores.

E cada momento do dia de cada empresa torna-se uma oportunidade para ensinar.

Fazer opções éticas pode ser mais fácil do que parece.

Existem poucas escolhas singularmente graves que você terá de fazer.

Na maioria dos casos, trata-se de pequenas opções do dia a dia que, em conjunto, criam um padrão de comportamento que o guia e, em última análise, o define.

Há pouco tempo, um homem concluiu uma caminhada pelo país.

Ele começou em Nova York, molhando os pés no Oceano Atlântico, e terminou na Califórnia, onde pôs os pés no Pacífico.

Quando ele estava se aproximando do seu destino, um grande contingente de veículos do noticiário acompanhava seus passos finais.

Perguntaram a ele: "Qual foi a parte mais difícil da caminhada pelo país? O sol escaldante? As chuvas frias? A longa jornada pelas montanhas? A monotonia das planícies? A exaustão de todas as noites"?

O andarilho respondeu: "Não foi nada disso. A parte mais difícil de minha caminhada foram os pequenos grãos de areia que entravam em meus sapatos".

Quando você enfrenta primeiro as pequenas coisas, quando enfrenta os pequenos problemas à medida que eles surgem, acabará dominando qualquer monstro de imoralidade e matando qualquer dragão de imperfeição ética.

E, continuando nas palavras da Bíblia, esses mandamentos "... não estão muito longe de você".

Era uma vez uma garotinha feliz e despreocupada que morava na beira da floresta. Ela gostava de caminhar na floresta e de brincar entre as árvores.

Um dia ela se perdeu.

Como estava escurecendo e a garotinha não voltava para casa, seus pais ficaram muito preocupados. Começaram a chamar por ela e procurá-la na floresta, mas não conseguiram encontrá-la.

Preocupados, eles reuniram os vizinhos e todas as pessoas da cidadezinha para ajudá-los a buscar pela sua filhinha.

Enquanto isso, a garotinha, vagueando pela floresta, ficou ansiosa e assustada, pois estava escurecendo cada vez mais e ela não conseguia encontrar o caminho para casa. Ela tentou uma trilha, depois outra, mas não conseguiu sair da floresta.

Quanto mais caminhava, mais cansada ela ficava. Finalmente, ela ficou tão exausta que, quando chegou a uma pequena clareira, deitou-se ao lado de uma grande pedra e adormeceu.

Os pais e os vizinhos continuaram a procurar, mas não conseguiram encontrá-la. Gritaram seu nome inúmeras vezes, mas não houve resposta.

Quando caiu a escuridão, muitos vizinhos voltaram para suas casas, prometendo recomeçar a busca ao raiar do sol.

Mas o pai da garotinha não desistiu e continuou em sua busca por toda a noite.

No início da manhã, quando o sol estava começando a surgir, o pai chegou à clareira na floresta onde a garotinha havia se deitado para dormir. Ele avistou a filha e correu para ela, gritando seu nome e fazendo um barulhão pisando nas folhas e galhos secos sob seus pés.

Despertada pelo clamor e pelo som da voz do pai chamando por ela, a garotinha abriu os olhos e gritou com alegria: "Papai, papai, *eu achei você!*".

Em você – em seu coração e sua alma – estão toda a compreensão, toda a direção, todo o compromisso de que necessita para fazer opções éticas e trazer significado para seu dia a dia no trabalho.

Em você estão a possibilidade e o poder.

Em você estão a visão e a promessa do que você, seu negócio e seu mundo podem ser.

A escolha para encontrar significado e valor no seu trabalho, para trazer valores e ética para seu local de trabalho, é sua.

Nas palavras da Bíblia: "Na sua frente estão a bênção e a maldição...".

Você pode escolher a bênção.

Pode optar por fazer *o bem*.

E pela abundância do seu coração e pela grandeza do seu espírito, você poderá trazer muitas bênçãos para todas as pessoas cuja vida e trabalho são tocados por você.

Referências

As citações bíblicas são tiradas de *TANAKH, The Holy Scriptures: A New Translation According to the Traditional Hebrew Text* (Filadélfia: Jewish Publication Society, 1985), ou da tradução do texto hebraico original pelo próprio autor.

NO INÍCIO

Gênesis 1:1

OS DEZ MANDAMENTOS

1. "SEUS OUVIDOS IRÃO ESCUTAR; SEUS OLHOS IRÃO VER"

Isaías 30:21 e Malaquias 1:5

"que têm olhos, mas não veem"
Salmo 115:3

"se... não for sonho"
Theodor Herzl

2. "NÃO EMITA UM RELATÓRIO FALSO"

Êxodo 23:1

"palavras que são ditas do coração..."
Moses ibn Ezra, em *Shirat Yisrael*

3. "NÃO COMETAS INJUSTIÇAS EM PESOS E MEDIDAS"

Levítico 19:35

"Não viole as fronteiras alheias"
Deuteronômio 19:14

4. "AME SEU PRÓXIMO COMO A SI MESMO"

Levítico 19:18

"ofereça a outra face"
segundo Mateus 5:39

5. "FAÇA COM JUSTIÇA, PRATIQUE A MISERICÓRDIA E CAMINHE COM HUMILDADE"

Micah 6:8

"Abençoado é o pacificador"
segundo Mateus 5:9

"Aprendi muito..."
B. Talmud Ta'anit 7a

Moisés tirando água da pedra
segundo Números 20

6. "TRAGA ALÍVIO E CURA"

Jeremias 33:6

"Se dois homens lutam..."
Êxodo 21:18-19

"A terra é do Senhor..."
Salmo 24:1

"Se não sou para mim mesmo..."
Mishnah, Avot 1:14

"Não existe riqueza como a saúde"
Mivchar HaPeninim

"Alegrem-se na terra"
Salmo 97:1

7. "PAGUE O DÍZIMO"

Deuteronômio 14:22

"Embora ele precisasse somente de uma porção..."
Kohelet Rabbah 7:30

"É melhor dar..."
segundo Atos 20:35

8. "LEMBRE-SE DO DIA DE DESCANSO"

Êxodo 20:8

9. "ADQUIRA SABEDORIA"

Provérbios 4:5, 7

"Quem é rico?..."
Mishnah, Avot 4:1

"Consiga um professor"
Mishnah, Avot 1:6

"Ensine-me... que posso adquirir um coração sábio"
segundo Salmo 90:12

10. "SAIBA DIANTE DE QUEM VOCÊ ESTÁ"

axioma popular baseado em:
Mishnah, Avot 2:19 e
B. Talmud, Sanhedrin 22a

"a pequena voz silenciosa"
Jó 4:16

E DIGAMOS...

"Estes mandamentos... não são muito difíceis..." e "... não estão muito longe de você"
Deuteronômio 30:11

"À sua frente estão a bênção e a maldição..."
Deuteronômio 30:19

AGRADECIMENTOS

"Consiga um Rabino..."
Mishnah, Avot 1:6

"... minha vida e a extensão dos meus dias"
segundo a prece "Ahavat Olam"

Bibliografia

Algumas das histórias (em várias formas) e algumas das citações neste livro aparecem nas seguintes obras:

Aesop's Fables. Nova York: Grosset & Dunlap, 1947.

Alcalay, Reuven. *Words of the Wise*. Jerusalém: Masada Press, 1970.

Autry, James A. *Love and Profit: The Art of Caring Leadership*. Nova York: Morrow, 1991.

Bennis, Warren. *On Becoming a Leader*. Reading, Mass.: Addison-Wesley, 1989.

Buber, Martin. *Tales of the Hasidim: The Early Masters*. Nova York: Schocken Books, 1947.

___. *Tales of the Hasidim: The Later Masters*. Nova York: Schocken Books, 1948.

Certner, Simon, ed. *101 Jewish Stories for Schools, Clubs, and Camps*. Nova York: Jewish Education Press, 1961.

Chopra, Deepak. *Quantum Healing: Exploring the Frontiers of Mind/Body Medicine*. Nova York: Bantam Books, 1989.

DePree, Max. *Leadership Is an Art*. Nova York: Dell, 1989.

Edwards, Owen. *Upward Nobility: How to Succeed in Business Without Losing Your Soul*. Nova York: Crown, 1991.

Fields, Rick et al. *Chop Wood, Carry Water: A Guide to Finding Spiritual Fulfillment in Everyday Life*. Los Angeles: Tarcher, 1984.

Gibran, Kahlil. *The Prophet*. Nova York: Knopf, 1966.

Heschel, Abraham Joshua. *The Wisdom of Heschel*, ed. Ruth Marcus Goodhill. Nova York: Farrar, Straus & Giroux, 1970.

Levin, Meyer. *Classic Hassidic Tales*. Nova York: Citadel Press, 1966.

Miller, Ronald S. *As Above So Below*. Los Angeles: Tarcher, 1992.

Millman, Dan. *Way of the Peaceful Warrior*. Tiburon, Calif.: Kramer, 1980.

Newman, Louis I. *Hassidic Anthology*. Nova York: Schocken Books, 1963.

Peters, Thomas J. e Robert H. Waterman, Jr. *In Search of Excellence*. Nova York: Harper & Row, 1982.

Pliskin, Zelig. *Love Your Neighbor*. Brooklyn, N.Y.: Aish HaTorah, 1977.

Polsky, Howard W. e Yaella Wozner. *Everyday Miracles: The Healing Wisdom of Hasidic Stories*. Northvale, N.J.: Aronson, 1989.

Raskas, Bernard S. *Heart of Wisdom*. Nova York: Burning Bush Press, 1967.

____. *Heart of Wisdom*, Book II. Nova York: United Synagogue Books, 1986.

____. *Heart of Wisdom*, Book III. Nova York: United Synagogue Books, 1986.

____. ed. *Living Thoughts*. Nova York: Hartmore House, 1976.

Siegel, Bernie S. *Love, Medicine, and Miracles*. Nova York: Harper & Row, 1986.

Sinetar, Marsha. *Do What You Love, The Money Will Follow: Discovering Your Right Livelihood*. Nova York: Dell, 1987.

Stewart, Thomas A. "Should Your Company Save Your Soul?". *Fortune*, 14 de janeiro de 1991.

Tannen, Deborah. *You Just Don't Understand*. Nova York: Morrow, 1990.

United Technologies Corporation, anúncios em jornais e revistas.

Wolpe, David J. *The Healer of Shattered Hearts: A Jewish View of God*. Nova York: Holt, 1990.

Agradecemos a estes autores – e às ideias em seus livros –, que fizeram o trabalho pioneiro no campo de significado, valores e ética nos negócios e trabalho contemporâneo no campo de desenvolvimento humano e cujo pensamento influenciou esta obra. Esses livros são recomendados àqueles que buscam exposições em profundidade de questões específicas expostas aqui na *Bíblia dos Negócios*.

Blanchard, Kenneth e Spencer Johnson. *The One-Minute Manager*. Nova York: Morrow, 1982.

Blanchard, Kenneth e Norman Vincent Peale. *The Power of Ethical Management*. Nova York: Fawcett Crest, 1988.

Borowitz, Eugene B. *Exploring Jewish Ethics*. Detroit: Wayne State University Press, 1990.

Byham, William C. *Zapp: The Lightning of Empowerment*. Nova York: Harmony Books, 1988.

Chu, Chin-Ning. *Thick Face, Black Heart: Thriving, Winning and Succeeding in Life's Every Endeavor*. Beaverton, Oreg.: AMC Publishing, 1992.

Covey, Stephen R. *Principle-Centered Leadership*. Nova York: Summit Books, 1990.

DePree, Max. *Leadership Jazz*. Nova York: Currency/Doubleday, 1991.

Drucker, Peter. *The Frontiers of Management: Where Tomorrow's Decisions Are Being Shaped Today*. Nova York: Perennial Library/Harper & Row, 1986.

Edelman, Marian Wright. *The Measure of Our Success: A Letter to My Children and Yours*. Boston: Beacon Press, 1992.

Ferguson, Marilyn. *The Aquarian Conspiracy: Personal and Social Transformation in the 1980's*. Los Angeles: Tarcher, 1980.

Goldzimer, Linda Silverman. *I'm First: Your Customer's Message to You*. Nova York: Rawson Associates, 1989;

Heider, John. *The Tao of Leadership: Leadership Strategies for a New Age*. Nova York: Bantam Books, 1986.

Josefowitz, Natasha. *You're the Boss! A Guide to Managing People with Understanding and Effectiveness*. Nova York: Warner Books, 1985.

Kanter, Rosabeth Moss. *When Giants Learn to Dance: Mastering the Challenges of Strategy, Management, and Careers in the 1990's*. Nova York: Simon & Schuster, 1989.

Lewis, Hunter. *A Question of Values: Six Ways We Make the Personal Choices That Shape Our Lives*. San Francisco: Harper & Row, 1990.

Mackay, Harvey. *Beware the Naked Man Who Offers You His Shirt*. Nova York: Ivy Books, 1990.

____. *Swim with the Sharks Without Being Eaten Alive*. Nova York: Ivy Books, 1988.

Naisbitt, John e Patricia Aburdene. *Megatrends 2000: Ten New Directions for the 1990's*. Nova York: Avon Books, 1990.

Ouchi, William G. *Theory Z: How American Business Can Meet the Japanese Challenge*. Nova York: Avon Books, 1981.

Peters, Tom e Nancy Austin. *A Passion for Excellence: The Leadership Difference*. Nova York: Warner Books, 1985.

Popcorn, Faith. *The Popcorn Report*. Nova York: Currency/Doubleday, 1991.

Sculley, John e John A. Byre. *Odyssey: Pepsi to Apple... The Journey of a Marketing Impresario*. Nova York: Perennial Library/Harper & Row, 1985.

Shames, Laurence. *The Hunger for More: Searching for Values in an Age of Greed*. Nova York: Times Books, 1989.

Sherwin, Byron I. *In Partnership with God: Contemporary Jewish Law and Ethics*. Syracuse, N.Y.: Syracuse University Press, 1990.

Sinetar, Marsha. *Ordinary People as Monks and Mystics: Lifestyles for Self-Discovery*. Mahwah, N.J.: Paulist Press, 1986.

Toffler, Alvin. *Powershift: Knowledge, Wealth, and Violence at the Edge of the Twenty-First Century*. Nova York: Bantam Books, 1990.

Walton, Sam. *Sam Walton: Made in America*. Nova York: Doubleday, 1992.

Watson, Thomas J., Jr. *Father, Son & Co.: My Life at IBM and Beyond*. Nova York: Bantam Books, 1990.

Whittemore, Hank. *CNN: The Inside Story*. Boston: Little, Brown, 1990.

Zemke, Ron. *The Service Edge: 101 Companies That Profit from Customer Care*. Nova York: New American Library, 1989.

Agradecimentos

Tenho grande prazer em expressar meus mais profundos agradecimentos àqueles cuja influência se reflete neste livro:

Bruce Rotstein e o pessoal da Diamond Entertainment Corporation de Anaheim, Califórnia, os primeiros a expressar interesse nestas ideias. *Phil e Gayle Tauber*, criadores do cereal matinal Kashi, cuja visão corporativa reflete o melhor que uma empresa pode esperar ser. *Rabino Jakob J. Petuchowski, Ph.D.*, de abençoada memória, que continua a ensinar do Grande Além. Sua voz ainda ecoa fundo dentro de mim. *Reverendo James J. O'Leary, S.J.*, amigo querido, que compartilha comigo a grandeza dos ensinamentos da Cristandade – especificamente da tradição católica – que santifica o solo por onde anda. *Dr. Yebuda Shabatay*, velho amigo e sábio conselheiro, que satisfaz para mim a prescrição dos sábios: "Consiga um rabino e encontre um parceiro de aprendizado". *Dr. Steven Helfgot*, velho amigo, educador incrivelmente talentoso, cujas sabedoria, compreensão e influência permeiam este livro. Minhas cunhadas, *Betty Kaufman* e *Norma Kaufman* – cada uma delas uma mulher de negócios talentosa e altamente bem-sucedida –, que dividiram comigo muito do seu conhecimento e sua experiência prática no dia a dia do mundo dos negócios.

Dra. Edith Eger, Theresa Pack, Victoria Bearden, Joan Bartolo e *Reynolds; Reb Zalman Schachter, Reb Shlomo Carlebach, Rabino Noshe Shur* e *Dr. Sheldon Kramer*, visionários espirituais e terapeutas planetários, que abrem novas visões mentais e espirituais. *Sandra Dijkstra*, extraordinária agente literária, que continua a exercer sua magia e mantém a fé. *Adrian Zackheim*, editor com alma de poeta e poeta com sabedoria prática, que acreditou neste projeto e em mim – que me fez pensar e me esforçar e viajar a lugares em que nunca havia estado antes. Meus pais, *Hyman* e *Roberta Dosick*, a quem este livro é dedicado, cujo orgulho e cujo amor infindáveis ajudam a me sustentar. Meus filhos, *Scott e Seth*. As borboletas voam livres e eu só posso ficar maravilhado com suas cores vivas. E, acima de tudo, *Ellen* – esposa, parceira, catalisadora intelectual, guia espiritual. Ela é "minha vida e a extensão de meus dias". Ela é meu amor.

Este livro foi impresso pela Prol Gráfica para a Rai Editora Ltda.